AF546581

DIE HEILKRAFT CHRISTLICHER RITUALE UND SYMBOLE

Unserer tapferen
hundertjährigen Mama
und Schwiegermama
gewidmet.

Sie zeigt uns, wie Leben geht
mit der Heilkraft von Glaube, Hoffnung und Liebe.

Gertrud und Dr. Norbert Weidinger

DIE HEILKRAFT CHRISTLICHER RITUALE UND SYMBOLE

Sinn finden
Zur Ruhe kommen
Heilung erfahren

Haben Sie Fragen an den Mankau Verlag?
Anregungen zum Buch?
Erfahrungen, die Sie mit anderen teilen möchten?

Nutzen Sie unser Internetforum:
www.mankau-verlag.de/forum

Impressum

Bibliografische Information der Deutschen Nationalbibliothek
Die Deutsche Nationalbibliothek verzeichnet diese Publikation in der Deutschen Nationalbibliografie; detaillierte bibliografische Daten sind im Internet über http://dnb.d-nb.de abrufbar.

Gertrud und Dr. Norbert Weidinger
Die Heilkraft christlicher Rituale und Symbole
Sinn finden. Zur Ruhe kommen. Heilung erfahren
ISBN 978-3-86374-576-9
1. Auflage November 2020

Mankau Verlag GmbH
D-82418 Murnau a. Staffelsee
Im Netz: www.mankau-verlag.de
Internetforum: www.mankau-verlag.de/forum

Lektorat: Josef K. Pöllath M. A., Dachau
Endkorrektorat: Susanne Langer-Joffroy M. A., Germering
Cover/Umschlaggestaltung: Andrea Janas, München
Innenteil/Layout und Satz: Lydia Kühn, Aix-en-Provence, Frankreich
Energ. Beratung: Gerhard Albustin, Raum & Form, Winhöring

Bildnachweis:
S. 35: Joseph Beuys: Christus in der Dose. 1949; Holz, bedrucktes Papier, Metall, Kit; 19,5 x 24,5 x 2,5 cm, Stiftung Museum Schloss Moyland/Sammlung van der Grinten; Foto: © Maurice Dorren. Rechte: VG Bild-Kunst 2005
© Illustrationen: Lydia Kühn, Aix-en-Provence

Druck: Druckerei C.H. Beck, Nördlingen

Wichtiger Hinweis des Verlags:
Die Autoren haben bei der Erstellung dieses Buches Informationen und Ratschläge mit Sorgfalt recherchiert und geprüft, dennoch erfolgen alle Angaben ohne Gewähr. Verlag und Autoren können keinerlei Haftung für etwaige Schäden oder Nachteile übernehmen, die sich aus der praktischen Umsetzung der in diesem Buch vorgestellten Übungen ergeben.

INHALT

HEILKRÄFTE ERÖFFNEN DEM LEBEN NEUE MÖGLICHKEITEN 49

ÜBER DIE SINNE ZUM SINN 79

AUFTAKT

2020 ist das große Jubiläumsjahr des Komponistengenies Ludwig van Beethoven. All seine Werke durchzieht eine höchst lebendige Spannung zwischen Ruhig-Dahinfließen und starker Emotion, zwischen langsam und rasend schnell, lieblich und wütend, piano und fortissimo. Uns berührt Beethovens Musik im Innersten. In seinen Werken erzählt er von den Polaritäten des Lebens. Mit seiner Musik ist es wie mit den Symbolen. Auch deren Wesen ist Spannung und Polarität zugleich: einerseits zerstörerisch, andererseits segensreich.
Wir wollen jetzt den Taktstock heben für eine spannungsreiche Lebensmelodie, getragen von Symbolen und Ritualen. Wir wollen Ihnen, liebe Leserin, lieber Leser, etwas anbieten, was Sie in Ihrem Innersten berührt und Ihnen ein Stück Lebenstiefe erfahrbar machen kann.

Eine Fülle von Ritualen und Symbolen

Wir begeben uns auf die Suche nach tragenden, lebensbejahenden Ritualen und Symbolen, die uns als sinnsuchende Menschen und Christen betreffen. Das ist nicht so einfach angesichts der Fülle von Ritualen und Symbolen, die uns täglich umgeben. Nach langer Abwägung entschieden wir uns für Rituale und Grundsymbole des Lebens, die auch im Christentum von Bedeutung sind und deren Heilkraft uns für eine gelingende Lebensgestaltung relevant erschien. Die Quellen der ausgesuchten Rituale und Symbole beziehen sich auf Gottes Schöpfung, entspringen dem, was der Mensch aus Gottes Schöpfung kultiviert hat, und beziehen Grundhaltungen des Herzens mit ein. Es geht um die Heilkraft jener Rituale und Symbole, die im Christentum eine zentrale Stellung einnehmen, also jene, die bei christlichen Feiern oder in

Sakramenten im Laufe eines Kalender- bzw. Kirchenjahres, aber auch im Laufe eines Menschenlebens zum Tragen kommen: beim Eintritt ins Leben, in der Kindheit, zu Beginn des Jugendalters, bei der Hochzeit bis hin zum Begräbnis. Gerade in diesen Übergangsphasen, im höchsten Glück wie in der tiefsten Krise erweist sich die Kraft christlicher Rituale und Symbole als heilsam, als bestärkend oder korrigierend. Wir wollen zeigen, dass Rituale und Symbole sich als wohltuend, sinnvoll und heilsam erweisen und uns eine Ver-Wandlung erleben lassen, damit wir gestärkt unseren Weg gehen oder neu aufbrechen können. Konkret folgen wir dabei einzelnen Symbolen und Ritualen auf dem Weg der eigenen sinnlichen Wahrnehmung im Alltagsgeschehen: Wo und in welchem Zusammenhang begegnen uns Rituale und Symbole, welche Kräfte birgt ein bestimmtes Symbol, wie vermag es zu heilen? Wir suchen nach Spuren des übertragenen Sinns in geläufigen Redensarten, Sprichwörtern und oft auch im Brauchtum als verdichtete Langzeiterfahrung vieler Menschen.
Im Anschluss wollen wir das jeweilige Symbol als christliches Symbol und in christlichen Ritualen näher betrachten: Wie und wo kommt dieses in liturgischen Feiern vor? Welche Bedeutung steckt darin, und aus welchen biblischen Quellen speist es sich? Dann schlagen wir die Brücke zum Ursprung in den Schriften des Alten und Neuen Testaments und stellen die entscheidende Frage: Welche Heilkräfte kommen im jeweiligen Symbol bzw. Ritual zum Vorschein?
Schließlich lenken wir unseren fragenden Blick darauf, wie diese Heilkraft uns in unserem Leben helfen kann. Das ist die Frage nach der Kernaussage des Symbols bzw. Rituals und deren heilkräftiger Wirkung, um so die Weite, Tiefe, Vielfältigkeit und heilende Wirkung für uns erahnen und spüren zu können. Nur so kommen wir mit Kopf, Herz und Geist an die Symbole und bleiben nicht im Kopf verhaftet. Lebenshilfe entfaltet sich nämlich erst in der Gesamtheit.

Was erwartet Sie?

Wer nach Tiefe und einem *Mehr* im Leben sucht, wer sich in dieser Absicht Gedanken um Rituale und Symbole macht, möchte mehr darüber wissen, was es denn damit auf sich hat. Deshalb werden wir Wesensmerkmale, Entstehung, Geschichte und Heilkraft von Symbolen und Ritualen im Hinblick auf das Christentum im Kapitel *Rituale und Symbole bauen Brücken* (→ Seite 15 ff.) beleuchten.

Im Kapitel *Heilkräfte eröffnen dem Leben neue Möglichkeiten* (→ Seite 49 ff.) setzen wir uns mit dem schillernden Begriff *Heilkraft* auseinander. Die vielfältigen Aspekte des Begriffes lassen sich nicht getrennt voneinander darstellen, sie fließen ineinander, brauchen sich gegenseitig, bedingen und ergänzen sich. Wir wollen in diesem Kapitel verständlich machen, was wir unter Heilkraft verstehen und warum sie dem Leben neue Akzente verleiht. Im Besonderen haben die Heilkraft *Segen* und das urchristliche Segenssymbol *Kreuz* hier Platz. Die Verknüpfung von Heilkräften, Ritualen und Symbolen stellt das Herzstück im Kapitel *Über die Sinne zum Sinn* (→ Seite 79 ff.) dar. Hier spüren wir der Heilkraft der christlichen Grundsymbole und Rituale nach. Der Weg geht dabei über die Sinne zum Sinn, zur Heilkraft, zur Lebenshilfe. Deshalb verfolgen wir bei den einzelnen Ritualen und Symbolen größtenteils die gleiche Spur: von Alltagsbegegnungen über verdichtete menschliche Erfahrungen in Sprichwörtern und Redewendungen hin zur christlichen Bedeutung. Der rote Faden ist die Suche nach der innewohnenden Heilkraft. Damit Sie ganz persönlich einen Nutzen aus diesem Kapitel ziehen können, bereichern viele praktische Anregungen und *Impulse* die einzelnen Abschnitte. Eine besondere Spur verfolgen wir am Ende des Kapitels mit den Heilkräften aus Grundhaltungen des Menschen. So können Sie das jeweils für Sie Passende finden.

Eine Abrundung bietet das letzte Kapitel *Ausklang: Eine andere Perspektive* (→ Seite 195 ff.). Es ist eine Art Ausblick über den Tellerrand hinaus mit zwei unterschiedlichen Perspektiven und gleichzeitig eine Zusammenfassung des Buches. Dieses Kapitel enthält viele Anregungen, wie sich Heilkräfte, auch Selbstheilungskräfte, entwickeln können – mit christlichen Symbolen und Ritualen. Gerade in diesem Kapitel zeigt sich, wie eng alle Heilkräfte miteinander verknüpft sind.

Liebe Leserin, lieber Leser betrachten Sie die im Buch angebotenen Ausarbeitungen, Hintergrundinformationen und *Impulse* wie ein Buffet. Sie können sich daran bedienen. Alles ist als Angebot an Sie gedacht.

Wen wollen wir ansprechen?

Wer keinen Leidensdruck irgendwelcher Art verspürt, sucht keine Heilkraft. Mit Leidensdruck meinen wir nicht unbedingt nur ganz schwierige Situationen im Leben. Leidensdruck kann auch entstehen, wenn Missverständnisse zwischen zwei Menschen herrschen, die sich sonst gut verstehen, wenn eine Auseinandersetzung ansteht, wenn etwas nicht im Lot ist und einfach »nicht gut läuft«.
Unter dieser Prämisse ist dieses Buch geschrieben worden, und genau dort möchte es auch Anregungen für Suchende geben.
Für Menschen,

- die nach Tiefe im Leben Ausschau halten.
- die in Entscheidungssituationen stehen.
- die mit Schwierigkeiten unterschiedlichster Art zu kämpfen haben.
- die momentan nicht weiterwissen und nach Orientierung suchen.
- die an einer Krankheit leiden und mit dem Leben hadern.
- die Kranke pflegen und innere Unterstützung brauchen.
- die einfach im Moment nach Trost suchen, nach etwas, was ihnen guttut.
- die das Gefühl haben, dass sie eine Stärkung, einen Segen brauchen können.

- die vor Umbrüchen und Veränderungen oder vor medizinischen Eingriffen stehen und Kraft brauchen.
- die als Christen leben oder die das Christentum neu für sich entdeckt haben und mehr über die Heilkraft christlicher Rituale und Symbole wissen möchten.

Einstiegshilfen

Zwei Übungen für den Anfang

Zur Annäherung an Titel und Inhalt dieses Buches empfehlen wir Ihnen, sich die Zeit zu nehmen für zwei kleine Übungen als Einstiegshilfe in unsere Gedankenwelt. Am besten suchen Sie sich ein ruhiges Plätzchen, an dem Sie ungestört sind. Vielleicht brauchen Sie leise Musik im Hintergrund oder nichts anderes als Stille, um unseren *Impulsen* mit innerem Gewinn folgen zu können.

Übung 1: Persönlicher Lebensrückblick

Im Rückblick auf mein bisheriges Leben denke ich an Situationen, die für mich heilbringend, heilsam waren. Hier können folgende Sätze helfen:
»Für mich war es eine heilsame Erfahrung, als …«
»Mir tat es gut, als …«
Die folgenden Beispielsätze könnten Ihnen als Anregung dienen:
»… sich ein lange schwärender Konflikt mit einem anderen Menschen endlich gelöst hat, weil dieser großherzig auf mich zukam.«
»… mir jemand einen Fehler, der mir längere Zeit Gewissensbisse bereitete, verziehen hat, nachdem ich endlich den Mut fand, diesen einzugestehen und mich dafür zu entschuldigen.«
»… sich bei einer ärztlichen Untersuchung der Verdacht auf … als haltlos erwies.«

Finden Sie doch für sich weitere Beispiele, und überlegen Sie, welche Heilkräfte da am Werk waren. Hatten Sie bei oder nach diesen Erlebnissen schon mal den Eindruck, dass da ein Schutzengel oder Gott mit im Spiel war?

Übung 2: Mehr als Worte sagt ein Lied oder Bild

Für manche tief greifenden Erlebnisse lässt sich des Öfteren schneller und treffender ein Bild oder ein Bildwort (eine Metapher) finden als eine exakte, sachliche Beschreibung. Wir laden Sie ein, zu den von Ihnen in Übung 1 geschilderten Situationen ein Bild oder Bildwort zu finden mit dem *Impuls*: »Das war für mich wie … der Sonnenaufgang nach dunkler Nacht« (oder ähnliche Bilder).

Ziel beider Übungen ist es, *Heilkraft* anhand eigener Erlebnisse und Erfahrungen wahrzunehmen und zu erspüren. Sie können sich auch Gedanken darüber machen, welches Symbol sich mit dieser Metapher in Verbindung bringen lässt oder ob es vielleicht auch ein Ritual gibt, das diese Metapher widerspiegelt. Auf obiges Beispiel bezogen, könnte dies das Symbol *Licht* sein und als Ritual die *Feier der Osternacht.*

RITUALE UND SYMBOLE BAUEN BRÜCKEN

Rituale und Symbole begleiten uns ein ganzes Leben lang, im gesellschaftlichen wie im privaten Leben. Jeder Mensch entwickelt neben den allgemein gebräuchlichen Ritualen und Symbolen noch seine ganz eigenen, auch jede Gemeinschaft, jedes Volk und jedes Land. Sie stehen uns allen als erstes Kommunikationssystem, noch vor der Sprache, zur Verfügung. In ihrer unüberschaubaren Vielfalt verwirren Rituale und Symbole manchmal. Aber sie helfen uns gerade dann aus der Patsche, wenn uns die Worte fehlen. Ohne sie wären wir manchmal tatsächlich *sprach*-los. In solchen Situationen bringen Rituale und Symbole ihre heilenden Kräfte zur Geltung. Wir bezeichnen sie deshalb als Brückenbauer, die Zusammenhalt geben. Das macht sie interessant, wenn es um Suche und Sehnsucht nach Gesundheit, Wohlbefinden und innerer Ausgeglichenheit, um Heilung geht. Aus dieser Perspektive stellen Rituale und Symbole ein ergiebiges Objekt des menschlichen Forschergeistes dar – in der Philosophie, Psychologie, Psychotherapie und Soziologie, aber auch in der Theologie.

Von der Kraft allgemeiner Rituale und Symbole

Wir schreiten mit Ihnen den Horizont der vielfältigen Erscheinungsformen allgemein menschlicher Rituale und Symbole ab (lassen aber die christlichen noch beiseite) und hoffen, anhand praktischer Beispiele aus der Geschichte und dem alltäglichen Leben Ihr Interesse zu wecken.

Ein kleiner Spaziergang

Als Einstieg in diese Welt schlagen wir einen Spaziergang in drei Etappen vor, zugleich unter drei unterschiedlichen Blickwinkeln – wie bei einer Stadtbesichtigung. Wir umschreiten den Ort auf der Stadtmauer und entdecken dabei Besonderheiten wie Türme, Prachtstraßen, ein Schloss. In Gedanken umrunden wir das Thema: Wie und wozu brauchen Menschen Rituale und Symbole im öffentlichen wie im privaten Leben? Was bewirkt ihr Gebrauch? Wir wählen den Weg von außen nach innen, vom Einfachen zum Komplexeren, von der Gestalt zum Gehalt.

Der Kniefall in Warschau

Er geschah am 7. Dezember 1970, 25 Jahre nach Kriegsende. Der Krieg begann am 1. September 1939 mit dem Einmarsch deutscher Truppen in Polen. Er hinterließ über Europa hinaus Zerstörung, Vertreibung, Not und Elend, Existenzängste und Qualen sowie eine nur zu schätzende Zahl an Toten. Eine Gräueltat hat sich tief ins kollektive Gedächtnis der Menschheit eingegraben: die Räumung des Warschauer Ghettos am 16. Mai 1943. Das *Denkmal der Helden des Ghettos* hält die Erinnerung daran wach.

Kranzniederlegungen an Mahnmalen gehören als öffentliches Ritual zum festen Bestandteil eines offiziellen Staatsbesuches. Jedes Ritual hat einen festen Ablauf. Hier sieht er vor, dass die Staatsoberhäupter beider Länder hinter Soldaten, die den Kranz tragen, zum entsprechenden Ort schreiten. Die Staatsmänner bleiben in gemessenem Abstand stehen, bis die Soldaten den Kranz niedergelegt haben und zur Seite getreten sind. Nun geht das Staatsoberhaupt, das als Gast gekommen ist, nach vorn, berührt den Kranz kurz, glättet die Streifen,

verharrt im stillen Gedenken, verneigt sich, tritt zurück und verlässt die Gedenkstätte gemeinsam mit dem Gastgeber.
Den Ablauf dieses Rituals hat Bundeskanzler Willy Brandt am 7. Dezember 1970 anlässlich der Unterzeichnung des Warschauer Vertrags zwischen Polen und Deutschland überraschend verändert. Er sank auf die Knie und verharrte schweigend etwa eine halbe Minute am Mahnmal.
Die Reaktionen auf diesen Kniefall fielen unterschiedlich aus. Viele sahen darin eine Demutsgeste. Andere eine Bitte um Vergebung für die deutschen Verbrechen des Zweiten Weltkriegs. Tatsache ist, dass noch am gleichen Tag der Warschauer Vertrag mit der Anerkennung der Unverletzlichkeit der faktischen polnischen Grenzen beiderseits unterschrieben wurde. Ein gefährlicher Schwebezustand war beendet. Heute besteht Einigkeit darüber, dass der Kniefall eine wichtige Rolle für das Zustandekommen des Vertrags gespielt hat. Allerdings zeigten sich selbst Freunde des Bundeskanzlers wie Egon Bahr oder Günter Grass damals betroffen, überrascht und besorgt. Sie befürchteten Missverständnisse und negative Auswirkungen. Aber der Spiegel-Redakteur Hermann Schreiber hielt dagegen: »Wenn dieser nicht religiöse, für das Verbrechen nicht mitverantwortliche, damals nicht dabei gewesene Mann nun dennoch auf eigenes Betreiben seinen Weg durch das ehemalige Warschauer Ghetto nimmt und dort niederkniet – dann kniet er da also nicht um seinetwillen. Dann kniet er, der das nicht nötig hat, da für alle, die es nötig haben, aber nicht da knien – weil sie es nicht wagen oder nicht können und nicht wagen können. Dann bekennt er sich zu einer Schuld, an der er selbst nicht zu tragen hat, und bittet um Vergebung, derer er selber nicht bedarf. Dann kniet er da für Deutschland« (Spiegelausgabe vom 14. Dezember 1970, S. 29 f.).
Im Rückblick schreibt Willy Brandt in seinen *Erinnerungen:* »Immer wieder bin ich gefragt worden, was es mit dieser Geste auf sich gehabt habe. Ob sie etwa geplant gewesen sei? Nein, das war sie nicht. (…) Ich hatte nichts geplant, aber Schloss Wilanow, wo ich untergebracht war, in dem Gefühl verlassen, die Besonderheit des Gedenkens am

Ghetto-Monument zum Ausdruck bringen zu müssen. Am Abgrund der deutschen Geschichte und unter der Last der Millionen Ermordeten tat ich, was Menschen tun, wenn die Sprache versagt.«[1]
Das politische Ritual einer öffentlichen Kranzniederlegung – mit dem ganz persönlichen, intuitiven Zusatz des Kniefalls durch Willy Brandt – zeigt, welch wertvollen Beitrag öffentliche Rituale zur Versöhnung zweier Völker haben können. Interessant bleibt, dass Willy Brandt intuitiv auf eine religiös besetzte Geste, den Kniefall, zurückgegriffen hat. Versöhnung bzw. Heilung bleibt ein Prozess, der Rituale braucht. Und: Rituale und Symbole sind interpretationsbedürftig. Stefan Zweig – lebte er noch – hätte diesen Kniefall sicherlich in sein Buch *Sternstunden der Menschheit* aufgenommen.

Impuls

Im Blick auf die jüngere Geschichte fallen Ihnen vermutlich weitere Beispiele ein, bei denen Rituale unübersehbare Markierungen des gesellschaftlichen Wandels und manchmal der punktuellen Heilung setzten, wie zum Beispiel der Marsch der Blackpower-Bewegung nach Washington 1963 mit Martin Luther Kings Rede *I have a dream,* Hungerstreiks politischer Gefangener in totalitären Regimen, die Fridays-for-Future-Aktionen oder Mahnwachen.

Retrospektive eines Psychotherapeuten

Ein Vertreter dieser Zunft, geprägt von Carl Gustav Jung, beendet seine berufliche Tätigkeit. Lorenz Wachinger blickt zurück und zieht ein Fazit in seinem Buch *Wie Wunden heilen.* Die Rückschau gilt nicht nur seinem Beruf, sondern auch seiner Person, dem Menschen mit seinen ganz persönlichen Kränkungen, Höhepunkten, Enttäuschungen – körperlich und seelisch. Es geht im Kern um Trauerarbeit im eigenen Leben wie in dem der Menschen, die sich ihm Hilfe und Heilung suchend anvertrauen.
Wachinger meint, es komme darauf an, dass aus dem Schmerz die Klage wird, dass sie sich äußern darf. Damit ist die Heilung schon in

Gang gekommen. Die Heilung verlangt, dass der Mensch von seinen Verletzungen sein Leben verwandeln lässt. Seine Wunde schließt sich, insofern er seinen Weg geht und die Veränderung seines Lebens annimmt. Im Innersten besteht also der Heilungsprozess in einer Verwandlung.[2] Da Wachinger ein Anhänger von C. G. Jung ist, spielt für ihn die Entdeckung des inneren Heilers, einer geheimnisvollen, tragenden Symbolfigur eine wichtige Rolle. Ein Weg zum inneren Heiler führt über individuelle Symbolbilder (auch in Träumen) und über Ur-Bilder der Menschheitsgeschichte. Der innere Heiler, der in jedem Verletzten wirkt, ist wichtiger als der Psychotherapeut. »Stärker als die therapeutischen Techniken ist die spontane Tendenz zur Heilung in jedem, der zu mir kommt«,[3] lautet sein Resümee.

Zum Durchleben und Meistern von Krisen hält Wachinger ein großes Repertoire an Heilmitteln bereit: Übungen und Methoden wie Erinnern und Erzählen, Erschließen von Symbolen in Märchen und Heilungsgeschichten der Weltliteratur (auch der Bibel), Schweigen und Körperarbeit, Klagelieder und Klageriten, Gruppenwandern und Gruppenexerzitien, Labyrinthe begehen, zeichnen, (aus)malen und erschließen … ein ergiebiges Angebot!

In dieser Denkweise kann eine seelische Wunde heilen, wenn in einem Menschen der innere Heiler bzw. die Selbstheilungskräfte geweckt werden. Sie setzen den Prozess der Heilung oder Verwandlung in Gang und bringen ihn hoffentlich zum glücklichen Ende. Dabei spielen Rituale und Symbole eine unersetzbare Rolle. Dazu taugen auch Ur-Bilder, wie sie in der Literatur und auch in den Märchen der Völker zu finden sind.

Märchen sind mehr als Märchen

In den 1970er-Jahren gab es heftige Diskussionen über die Tauglichkeit von Märchen für Kinder. Bruno Bettelheim, geprägt vom Denken Sigmund Freuds, schaltete sich in die Diskussionen ein mit der These: Märchen sind unrealistisch, aber nicht unwahr. Es geht darin um die

Wahrheit der Fantasie. Auch grausame Passagen bieten Lebenshilfe an, weil sie die Hoffnung wecken: Du kannst Bedrohliches meistern. Märchen sind mehr als Märchen; denn sie bieten beim Lesen bzw. Hören Identifikationsmöglichkeiten mit symbolhaften Gestalten wie Helden und Hexen und helfen so bei der Bewältigung von Gefühlen wie Angst und Aggression. Wir wollen dies an folgendem Märchen aufzeigen.

DIE DREI SPRACHEN

Ein Märchen der Brüder Grimm

Ein Graf war unglücklich über seinen einzigen Sohn. Er hielt ihn für dumm und schickte ihn in die Fremde zu einem Meister in die Lehre. Dort lernte der Sohn, was die Hunde bellen. Bei seiner Rückkehr fragte sein Vater: »Ist das alles?«, und schickte ihn zu einem anderen Meister. Bei ihm lernte der Sohn, was Vögel singen. Bei seiner Rückkehr fragte ihn sein Vater: »Ist das alles?«, und schickte ihn ein drittes Mal fort. Beim dritten Meister lernte der Sohn, was Frösche quaken. Als er es seinem Vater berichtete, geriet der in höchsten Zorn und befahl seinen Dienern: »Tötet ihn!« Die führten den Sohn hinaus, hatten aber Mitleid und ließen ihn gehen. Dann erjagten sie ein Reh. Mit dessen Blut täuschten sie den Grafen.
Der Grafensohn bat in einer Burg um Unterkunft. Der Burgherr gewährte sie ihm im alten Turm und warnte ihn vor den wilden Hunden dort: »Die bellen immerzu! An bestimmten Tagen fordern sie von uns ein Menschenopfer.« Alle Leute um die Burg herum bedauerten den Grafensohn. Der fürchtete sich nicht, sondern bat nur um Futter für die Hunde. Das gaben sie ihm und führten ihn zum Turm. Als er eintrat, bellte kein Hund. Sie wedelten mit ihren Schwänzen, fraßen, was er dabeihatte, und krümmten ihm kein Haar. Am anderen Morgen berichtete er dem Burgherrn: »Die

Hunde erzählten mir ihre Geschichte. Sie wurden verwünscht und müssen einen Schatz hüten, solange er nicht entdeckt ist. Sie verrieten mir auch, was zu tun ist.« Da freuten sich alle. Der Burgherr versprach ihm seine Tochter, wenn er den Schatz fände. Er fand ihn. Da verschwanden die Hunde, und das Land war die Plage los. Die Tochter wurde ihm angetraut. Beide lebten glücklich.
Eine Zeit später brach der junge Graf auf nach Rom. Da geriet er in einen Sumpf, in dem Frösche quakten. Er hörte ihnen zu, wurde traurig, verriet seiner Frau aber nichts. Endlich erreichten sie Rom, wo gerade der Papst gestorben war. Die Kardinäle hatten sich soeben geeinigt: Neuer Papst könne nur der werden, an dem Gott ein Wunderzeichen wirkt. Ebenda betrat der Grafensohn die Kirche. Plötzlich flogen zwei weiße Tauben auf seine Schultern. Die Kardinäle erkannten darin ein Zeichen Gottes. Er selbst war unsicher, ob er würdig sei für dieses Amt. Doch die Tauben redeten ihm gut zu. Da er sagte: »Ja!« Damit erfüllte sich, was ihm die Frösche gesagt, ihn dadurch aber traurig gemacht hatten. Er sang die Messe und wusste kein Wort davon. Aber die Tauben flüsterten ihm alles ins Ohr.[4]

Zu diesem Märchen fallen Ihnen vielleicht folgende Fragen ein:
Was hat es mit diesen drei Sprachen auf sich?
Worauf will uns die Symbolsprache dieses Märchens hinweisen?
Worin könnte die Heilkraft dieses Märchens bestehen?
Kann ich mich mit einer Figur des Märchens identifizieren?

Wollen wir dieses Märchen interpretieren, können wir die gängige tiefenpsychologische Deutung nach C. G. Jung zugrunde legen:

- Dreimal muss der Sohn bei den verschiedenen Meistern in die Fremde ziehen und in die Lehre gehen. Damit beginnt eine dreistufige Wandlung. Sie vollzieht sich in ihm, während er drei Sprachen erlernt: die der bellenden Hunde, die der singenden Vögel und die der quakenden Frösche.

- Mithilfe der drei Meister wird der Sohn stufenweise vertraut mit drei Elementen: Erde, Wasser, Luft. Sie stehen für Vitalität, Unbewusstes und Geist. Er lernt die Kräfte der Natur kennen und schätzen, auch ihre Heilkraft. Er lernt, auf ihre Stimme zu hören, sie zu verstehen und ihnen zu trauen.
- Vor den bellenden Hunden zeigt er keine Angst; denn er beherrscht ihre Sprache und erfährt ihr Geheimnis: das Versteck des Goldschatzes. Damit ermutigt uns das Märchen: Lerne die bellenden Hunde in dir (Gefühle, Leidenschaften, Krankheitssymptome) verstehen. Nähere dich ihnen freundlich und nähre sie, dann wirst du erfahren, welcher Schatz dahinter verborgen ist: deine Verwandlung, dein Lebenssinn und -ziel.
- Mithilfe der Froschsprache kommt der Grafensohn mit Wasser, der Kraft des Unwägbaren und bislang Unbewussten, in Berührung. Sie eröffnet ihm jene neue Zukunft, die ihn in Rom erwartet. Noch schreckt er davor zurück: Kann er sich darauf verlassen? Welcher Verzicht verbirgt sich darin?
- Dank der Vogelsprache wird er vertraut mit den Geisteskräften. Sie geben ihm Zuversicht, Sicherheit und Inspiration in den entscheidenden Momenten auf völlig unbekanntem Terrain.
- Die dem Vater völlig unnütz und unsinnig erscheinenden Tiersprachen erweisen sich am Ende als Gewinn. Sie sind Wegweiser zum individuellen Lebenssinn. Sie führen den Grafensohn über viele Mutproben und Gefahren zu seiner eigenen Bestimmung und Vollendung.[5]

Märchen überzeugen durch ihre Symbolsprache. Darin verdichten sich menschliche Erfahrungen über Jahrhunderte hinweg. Heilsame Wandlungsprozesse werden verschlüsselt und doch erkennbar dargestellt. Sie laden dazu ein, sich selbst in dieser Geschichte zu spiegeln und zu erkennen. Die Symbolsprache der Märchen ist ein wohltuendes

Heilmittel für unser Innen- und Seelenleben. Das Märchen *Die drei Sprachen* macht trotz des grausamen Anfangs Hoffnung. Sie können sich mit dem Grafensohn identifizieren und hoffen, dass Sie aus Fehlstarts, Bedrohungen und Verwundungen heil herauskommen und Ihr Lebensziel erreichen. Die Heilkraft liegt in der Ermutigung, auf das Naturgegebene zu vertrauen, auf die innere Stimme zu hören und den Glauben an sich selbst und die eigenen Fähigkeiten nicht zu verlieren. Der innere Heiler bricht sich Bahn, spürt seine Helferinnen und Helfer auf und aktiviert sie. Verwandlung und Heilung gelingen.

Entstehung, Entwicklung und Funktion von Symbolen

Dies alles haben Entwicklungspsychologen und Psychoanalytiker für uns erforscht.[6] So hat Donald W. Winnicott herausgefunden, dass dieser Entwicklungsprozess bereits ab dem sechsten Monat beginnt, sobald der Säugling unbewusst spürt, dass er nicht mehr – wie vor der Geburt – eins mit seiner Mutter, sondern ein Individuum ist. Diese Entdeckung ist die Initialzündung für das Symbolisieren, eine besondere Fähigkeit des Menschen, seine erste Kommunikationsschiene. Um die Ängste zu beherrschen, die sich durch die vom Kind erspürte Trennung regen, greift der Säugling und später das Kleinkind zu sogenannten Übergangsobjekten wie Daumen, Tuchzipfel oder Teddy. Sie vertreten die abwesende Mutter und helfen dem Säugling, seine Einsamkeit zu überwinden und das Gefühl der Geborgenheit nicht ganz zu verlieren. Welch heilsame Wirkung!

In den ersten Lebensjahren bis ins frühe Jugendalter hinein baut das Kind eine fast unzertrennlich-innige Beziehung zu seinen Übergangsobjekten wie seinem Kuscheltier auf – durch Liebkosungen, Lallen und einzelne Wörter. Der Teddybär wird von ihm gedrückt und geherzt. Übergangsobjekte bilden über Abgründe der Angst hinweg eine Brücke in die ersehnte Geborgenheit, sind Trostspender und Heilmittel schlechthin. Das Kind erlernt durch bloßes Erleben den Prozess der

Symbolbildung und erfährt zugleich intuitiv deren Wirkung. Ganz wichtig ist das Lernen durch Nachahmen. Das Kind übernimmt die in der Familie gebräuchlichen Rituale wie den Austausch von Zärtlichkeiten oder Essgewohnheiten und erprobt sie spielerisch mit seinem Kuscheltier oder real mit (Groß-)Eltern und Geschwistern. So lernen Kinder auch, mit Konflikten umzugehen und sie selbst oder mit fremder Hilfe zu lösen.
Bis in die ersten Schuljahre hinein durchschaut das Kind den spezifischen Charakter von Ritualen und Symbolen nicht. Es kann nicht erkennen, dass diese über sich hinausweisen in eine andere Wirklichkeit. Deshalb kann es nicht verstehen, was Erwachsene mit übertragener Bedeutung oder Doppelsinn meinen. Wie Till Eulenspiegel bei seinen lustigen Streichen beharrt es auf dem wortwörtlichen Sinn.
Erst am Ende der Grundschulzeit durchschauen Kinder die Mehrschichtigkeit der Symbolsprache und Redewendungen. Dann regen sich Zweifel, werden Rituale und Symbole als erklärungsbedürftige Gebilde erkannt und mithilfe der wachsenden Vernunft erst infrage gestellt, dann allmählich durchschaut. Das ist der kritische Punkt, der zunächst zu Irritationen, dann über Lerneffekte zum mehrschichtigen Symbolverständnis führt. Dieser Entwicklungsprozess braucht die Unterstützung von Menschen, die dem Kind Geschichten, Märchen und Mythen vorlesen, sie nachspielen bzw. mit Imaginationsübungen und Fantasiereisen sein Symbolverständnis anregen und es den Doppelsinn und die Brückenfunktion der Symbole entdecken lassen. In dieser Phase lernen die Kinder allmählich auch, verstandesmäßig den Sinn und die Kraft von Ritualen und Symbolen zu durchschauen. Sie werden zu Entwicklungshelfern für die eigene Person und zu Verbindungselementen zwischen dem Kind und anderen Menschen.

In der Pubertät entscheidet sich, welche Funktion den Ritualen und Symbolen zukünftig beigemessen wird. Nun müssen sie auf ihre Zukunftstauglichkeit untersucht werden. Probehandeln ist angesagt, um die eigene Rolle und Wirkung in Abgrenzung zu den Eltern auszutesten: Was passt zu mir? Was nicht? Altes wird zunächst über Bord geworfen, Neues (etwa Stars und Idole) imitiert – ihre Frisur, Tattoos und Kleidung. Darin steckt aber auch eine ernsthafte Suche nach Werten und Menschen, die diese Werte verkörpern und ihnen einen Weg zeigen können. Dann ist die Frage: Setzt man sich also mit Ritualen und Symbolen auseinander, hinterfragt man sie kritisch oder ist das alles zu anstrengend? Der einfachste Weg ist, den herkömmlichen, beobachteten und gelernten Ritualen blindlings zu folgen, völlig unreflektiert. Ein anderer Weg ist, dies alles, genauso unreflektiert, aus reiner Opposition über Bord zu werfen. Der sinnvollste Weg ist, sich mit ihnen auseinanderzusetzen und sie als Chance zur Persönlichkeitsbildung zu erkennen: Rituale und Symbole bieten Hilfen zur Lebensbewältigung an, zu einem neuen Selbstbewusstsein, sie sind Halt und Geländer in Krisensituationen, sind Verbindung vom Suchenden zum Ratgeber.

Rituale und Symbole erschließen

Gute Erfahrungen haben wir mit einem Modell des Philosophen und Theologen Heinrich Ott gemacht, das wir durchgängig in diesem Buch verwenden. Den Ausgangspunkt bildet die Mehrschichtigkeit von Sprache *und* Wirklichkeit. Sie spiegelt sich in drei Bedeutungsebenen.

Das Beispiel Brot

- Die alltäglich-reale Bedeutungsebene erschließt sich uns, indem wir Brot mit allen Sinnen betasten, sehen, riechen, schmecken, also wahrnehmen und es entdecken als Grundnahrungsmittel, das uns stärkt und gesund erhält.
- Die übertragene Bedeutungsebene begegnet uns in Sprichwörtern, Märchen, Bildworten (Metaphern). In ihnen verdichtet sich die Erfahrung vieler Menschen über einen langen Zeitraum hinweg. Nehmen Sie als Beispiel »Wess' Brot ich ess', dess' Lied ich sing'.«

Es verweist auf die riskante Abhängigkeit des Brot-Nehmers vom Brot-Geber und bietet dazu eine Lösung: Rede/singe ihm nach dem Mund. Alles andere ist gefährlich.

- Die religiöse Bedeutungsebene finden wir in biblischen Erzählungen vom *Manna* (Brot, das vom Himmel fällt) oder in der Erzählung vom *Letzten Abendmahl Jesu* (Brotteilen zum Abschied – ein dauerhaftes Erinnerungszeichen). Alle drei Ebenen ergänzen und durchdringen sich gegenseitig und lassen über den Entstehungs- und Verwendungszusammenhang den Sinn erkennen. In der Vaterunser-Bitte um das tägliche Brot bilden alle drei Ebenen ein Ganzes. Mit den Worten Jesu dürfen wir von Gott alles Lebensnotwendige erhoffen.

Ein zweites Modell zur Erschließung haben Sie beim Märchen *Die drei Sprachen* kennengelernt. Es lädt ein, alle äußeren Gegebenheiten und Gestalten des Textes so zu interpretieren, dass sie die eigenen inneren Kräfte, Zustände und schicksalhaften Verknüpfungen (subjektive Variante) oder die der anderen Menschen (objektive Variante) widerspiegeln. Ich kann probehalber mich selbst oder andere Menschen damit identifizieren und so eine heilsame, neue Sicht über mich selbst oder über andere gewinnen.

Der französische Sprachphilosoph Paul Ricœur nennt dieses Vorgehen auch den Weg vom *ersten zum zweiten Sinn.* Dieser Weg bildet in seiner Theorie zugleich die Brücke von der *ersten zur zweiten Naivität.* Auch für ihn gilt: Der *erste Sinn,* vergleichbar der natürlichen Bedeutungsebene, ist durch möglichst eingehende Wahrnehmung sowie mehrfachen Perspektivwechsel freizulegen. Denn der *zweite Sinn* wohnt dem *ersten* inne. Das ist der springende Punkt, damit Märchen und Träume ihre heilenden Kräfte im Menschen wecken und den inneren Heiler aktivieren können. Rituale und Symbole können ihre Heilkraft entfalten, wenn sich der Mensch mit ihnen auseinandersetzt und so ihren Sinngehalt, den inneren Bedeutungsgehalt freilegt.

Was ist ein Symbol, ein Ritual?

Das erzählt uns eine alte Sage zur Erklärung des Wortes *Sym-bol* (griech. *sym-balein* = zusammenfügen): Zwei Freunde im alten Griechenland nehmen Abschied voneinander. Sie ritzen ihre Namen auf eine Tonscherbe und brechen sie in zwei Stücke. Jeder nimmt eine Hälfte mit; er weiß, dass er den Freund lange nicht sehen wird. Das Brechen von Ton und Namen drückt den Schmerz des Abschieds aus. Das sorgfältige Bewahren bringt Treue zum Ausdruck. Jede Hälfte verweist auf die Freundschaft, die gestern erlebt wurde, und ist zugleich ein Zeichen der Hoffnung auf die Freundschaft, die morgen neu erfahren werden kann. Der zerbrochene Teil der Tonscherbe (des Rings oder der Schale) ist zwar selbst nicht Freundschaft, aber er ist ein sinnliches Erkennungszeichen, das abwesende Freundschaft vergegenwärtigen, in die Gegenwart hineinziehen kann. Nach langer Zeit treffen sich die Freunde wieder: Bei einer Schale Wein setzen sie die Tonstücke zusammen. Ton und Namen ergänzen sich wieder. Sie feiern das Glück der Wiedervereinigung des Getrennten.[7]

Das Symbol birgt und entbirgt seinen Sinn in einem Gegenstand (Ring, Tonscherbe, Freundschafts- oder Ehering). Das Ritual übermittelt seinen Sinn in einer Handlung mit dem Symbol (Ring bzw. Tonscherbe wieder zusammenfügen, Ehering anstecken in einer Feier). Deshalb sprechen manche von Gegenstands- und Handlungssymbol (= Ritual). Ein Ritual braucht einen definierten Anfang und Schluss, eine klare Abfolge von Teilelementen und festgelegte Deute-Worte/Formeln, die den Sinn eingrenzen und festlegen. Rituale entfalten ihre Wirkung aus der Spannung zwischen Wiedererkennen und Überraschung. Ohne Überraschungsmomente, ohne Aktualisierung auf unsere Lebenssituation heute werden sie allmählich stumm, verlieren ihre (Heil-)Kraft und erstarren in totem Ritualismus.

Quellen der Heilkraft

Diese Quellen zu erkunden, verlangt nun tatsächlich etwas Zeit zum Nachdenken. Vielleicht bringt uns der Rückblick Lorenz Wachingers unter dem Motto *Wie Wunden heilen* auf die richtige Spur. Er resümiert: Rituale und Symbole, mit viel Fingerspitzengefühl und großer Erfahrung vom Therapeuten gezielt in den Heilungsprozess eingebracht, wirken wie ein überraschender Energiestoß. Wenn die Therapie positiv verläuft, weckt ein energetischer *Impuls* den inneren Heiler, setzt die gefesselten Selbstheilungskräfte, die zuvor erblindete Selbsterkenntnis frei, und bringt Erstarrtes wieder in Bewegung. Der Prozess der Verwandlung, der Heilung nimmt seinen Lauf. Und woher kommt sie? Wachinger meint, sie kommt aus der Mitte des an seiner Situation leidenden oder von Begeisterung erfassten Menschen, aus der Leben erhaltenden und fördernden Bündelung all seiner Kräfte, seiner Emotionen, seiner Vernunft und seines Geistes. Sie verbünden sich mit den Kräften des Therapeuten. Aber der Leidende oder Über-Begeisterte selbst gibt also den Ausschlag mit seiner Bereitschaft, sich der Kraft der Rituale, der Heilungsmethoden und Symbole anzuvertrauen. Aus unserer Sicht ist das jedoch noch nicht alles. Wir fragen weiter: Sind bei unseren Brückenbauern, den Ritualen und Symbolen, auch noch spirituelle Kräfte am Werk? Hier kommen Humanwissenschaften und Theologie ins Spiel.

Die Humanwissenschaften belegen durch ihre Forschung, dass der Mensch nicht auf Rituale und Symbole verzichten kann. An der Grenze zum Un-Sag-baren bleibt er auf sie angewiesen. Dazu gehören die Psychotherapien und die Hilfe von Ritualen und Symbolen, mit denen Heilerfolge erzielt werden. Das Unterscheidende zwischen Humanwissenschaften und Theologie bleibt in erster Linie der zentrale Gegenstand theologischer Forschung: die Suche nach Gott und der Glaube an Gott mit seiner Gestaltungskraft. Die Vertreter der Humanwissenschaften üben an diesem Punkt Zurückhaltung, klinken sich redlicherweise aus. Sie fühlen sich aber durchaus geachtet, wenn

Theologen den erarbeiteten Zuwachs an Erkenntnissen über den Menschen, seinen Sprach- und Symbolgebrauch in den Humanwissenschaften respektvoll aufgreifen und für die eigene Arbeit fruchtbar machen. Aus Respekt vor dieser Grenze haben wir die Unterscheidung zwischen allgemeinen und christlichen Ritualen getroffen, obwohl gerade die Praktische Theologie großen Nutzen aus den Humanwissenschaften zieht: in der Seelsorge, bei der Gestaltung der Gottesdienste und bei der Erschließung des christlichen Glaubens für Menschen jeglichen Alters.

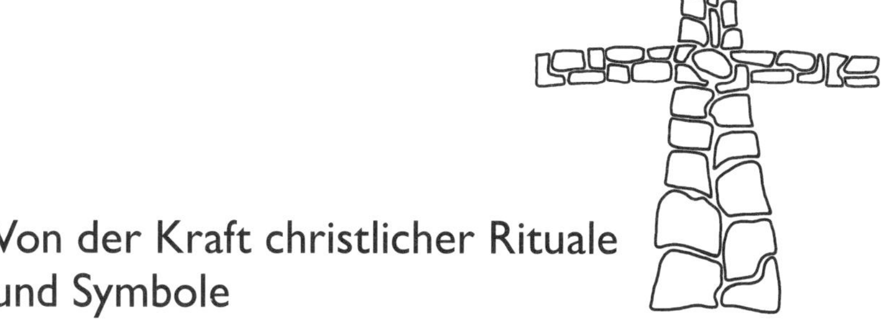

Von der Kraft christlicher Rituale und Symbole

Die Sehnsucht der Menschen nach Gesundheit und Wohlbefinden, nach Glück und Frieden ist so alt wie die Menschheit selbst. Wir betrachten diese Sehnsucht neben dem Streben nach Erkenntnis als die Kraft im Menschen, die ihn drängt, die Frage nach dem Woher und Wohin des Kosmos sowie des Menschen zu stellen. Viktor Frankl spricht aus seiner KZ-Erfahrung sogar vom *Willen zum Sinn.* Diese Kraft ist aus menschlicher Sicht der Ursprung der Religionen. Aus der Sicht des christlichen Glaubens ist sie allen Menschen vom Schöpfergott vom Anfang an mitgegeben und sucht deshalb ihre Erfüllung in Gott, d. h. im Bereich der Transzendenz.
Wir möchten mit Ihnen nach diesen Spuren in Ritualen und Symbolen des christlichen Glaubens suchen, wie sie uns heute begegnen und deren einende Mitte Jesus Christus bildet. Wir bleiben dabei unserem Motto treu, den Weg von der äußeren Gestalt zum inneren Gehalt zu gehen.

Kirchenschätze, Bibeltexte, Kunstwerke – ein Spaziergang

Zunächst ein ganz realer Spaziergang, nicht nur im Kopfkino mithilfe Ihrer Fantasie oder Erinnerung.

Aus dem Schatz christlicher Kirchenräume

Wir laden Sie ein, sich auf Entdeckungstour in eine evangelische oder katholische Kirche zu begeben. Es sollte eine sein, die Ihnen gefällt. Wir geben Ihnen drei Aufgaben mit.

Impuls

Aufgabe eins: Den Kirchenraum im Umhergehen aufmerksam erleben, mit allen Sinnen wahrnehmen und beobachten: Wie wirkt der Raum mit seiner Atmosphäre, seinem Baustil, den Lichtverhältnissen, der Anordnung von Altar und Bänken auf Sie (lichtüberflutet oder mystisch-halbdunkel, kühl oder warm, kahl oder überfüllt, kraftvoll oder leer, nüchtern oder einladend, erschlägt er Sie oder lässt er Sie aufatmen)? Welche Gefühle, Gedanken, Erinnerungen löst er in Ihnen aus? Lassen Sie sich Zeit dazu!

Aufgabe zwei: Welche Bilder, Figuren, Symbole, Gegenstände können Sie erkennen und benennen (Kreuz, Kreuzweg, Heiligenfiguren, z.B. Maria) und welche Vorrichtungen für rituelle Feiern (Altar oder Altäre, Kanzel, Ambo mit Bibel, Taufbrunnen, Taufbecken, Tabernakel …)? Melden sich Erinnerungen an frühere Erlebnisse? Regt sich die Sehnsucht nach mehr und engerem Kontakt oder nach mehr Distanz?

Aufgabe drei: Suchen Sie Hinweise auf eine Auseinandersetzung mit Leiden und Erlösung, Krankheit und Heilung (Kreuzwegdarstellung, Votivtafeln, Inschriften, Schriften)!

Setzen Sie sich abschließend, bevor Sie die Kirche verlassen, an den Ort, der Ihnen guttut. Genießen Sie die Stille, atmen Sie ruhig,

und suchen Sie in Ihrem Innern eine neue Standortbestimmung für sich:

Der christliche Glaube und seine Symbole wirken auf mich wie …

Das möchten sie mir vielleicht geben: …

Das Ergebnis dieses geistlichen Spaziergangs bleibt Ihr persönliches Geheimnis. Wir können aber unsere Intention abschließend noch einmal verdeutlichen: Wir wollten Sie mit diesem Spaziergang ermutigen, das Potenzial des Raumes in einer christlichen Kirche zu erleben, den Raum mit allen Sinnen wahrzunehmen und seine Bedeutung für sich selbst neu zu erschließen und auszuschöpfen. Wir sind überzeugt von diesem Potenzial, dieser Energie, kennen aber auch die großen Unterschiede. Mehr als auf den Raum kommt es auf die Menschen an, die diesen Raum füllen, aktuell gestalten, ihm mit ihren lebensnahen, aussagekräftigen, den Glauben stärkenden, rituellen Feiern Faszination und Ausstrahlung geben. Traditionspflege genügt nicht. Kirchen sind keine Museen.

Aus der Fülle biblischer Erzählungen

Im Alten Testament findet sich eine Erzählung mit märchenhaften Zügen: Das Buch *Tobit*. Es ist benannt nach einem tiefgläubigen jüdischen Mann, der zwischen 722 und 587 vor Christus in Ninive im Exil lebt, allen Schicksalsschlägen zum Trotz an seinem Glauben festhält und sehnsüchtig auf die Rückkehr nach Israel hofft. Sein Sohn heißt *Tobias* (hebr. Tobija = *Gott ist gut*). Ein Name – ein Programm! Im Fortgang tritt ein Engel mit dem Namen *Rafael* (hebr. = *Gott heilt*) in die Erzählung ein. Ein ganzes Glaubensbekenntnis in einem Namen. Paracelsus sagt: »Die Natur heilt, der Arzt kuriert nur.« Somit konfrontiert uns diese Erzählung mit der Frage: Woher kommt die Heilkraft wirklich?

AUS DEM BUCH TOBIT

Der gesetzestreue Jude Tobit begräbt gegen den Willen des assyrischen Königs seine Glaubensgenossen und unterstützt die Armen. Ausgerechnet er erblindet und wird zum Spott der Leute, selbst seiner Frau. Er klagt Gott sein Elend.
Fern in Ekbatana lebt Raguel, ein Schuldner Tobits, mit seiner Tochter Sara, der die Männer wegsterben. Man sagt, ein Dämon wohne in ihr. Sie klagt und betet zu Gott. Da sendet Gott den Engel Rafael.
Raguel schickt Tobit mit dem Schuldschein nach Ekbatana. Rafael begleitet ihn als Beschützer, aber auch Aufgabensteller: Tobit muss unter Todesgefahr einen Fisch angeln, Galle, Leber und Herz entfernen und mitnehmen. Mit einem Teil davon vertreibt Tobit den Dämon Saras. Beide feiern Hochzeit und begeben sich auf die Rückreise.
Unglaubliches geschieht. Mit der Galle heilt Tobit mit Rafaels Hilfe die Blindheit Raguels. Rafael gibt sich als Gottes Bote zu erkennen und verabschiedet sich mit den Worten: »Alles geschah im Auftrag Gottes. Er meint es gut mit euch. Lobt und preist ihn ein Leben lang!«[8]

Es lohnt sich, diese Erzählung im Original, also in der Bibel zu lesen. Allein schon die Gebete Tobits und Saras sind es wert, die Bibel aufzuschlagen.

Um den tieferen Sinn dieser märchenhaften Erzählung zu erschließen, ist es wichtig, sich ihr historisches Alter bewusst zu machen: 700 Jahre vor Christus! Sprache und Inhalt spiegeln das damalige Weltbild und Auffassungsvermögen wider. Wir können sie nicht wortwörtlich ins Heute übersetzen. Als Christen gehen wir davon aus, dass wir

Gottes Wort nur im Menschen-Wort begegnen können. Auch diese Erzählung ist Ausdruck zutiefst menschlichen Glaubens, inspiriert von Gottes Geist und trotzdem im zeitgebundenen Gewand.
Ihr Sinn kann sich erschließen u. a. mit der Ihnen inzwischen bekannten tiefenpsychologischen Methode Lorenz Wachingers:

- Der Name *Rafael* ist ein »altes Bekenntnis zu der Macht, die wirklich heilen kann«[9].
- Wie Held und Heldin in einem Märchen müssen Tobias und Sara einen weiten, mühe- und gefahrvollen Weg mit schmerzhaften Erlebnissen meistern.
- Dennoch bleibt unübersehbar: »Alle Personen dieser Geschichte erfahren ihre Heilung«,[10] gehen den Weg innerer Veränderung und Verwandlung, von materieller bzw. seelischer Not und Heillosigkeit angetrieben, kurzzeitig auch in Erstarrung festgehalten. Ihre erste Zuflucht ist das Gebet. Sie klagen und schreien zu Gott. Doch dann rührt eine Hand sie an und befreit sie.
- Ein Mensch hat eine innere Wende, eine Umkehr vollzogen. Die Berührung (samt eigentümlicher Medizin) ist angekommen, wirkt sich aus. Ein Schicksalsschlag ist verarbeitet, eine seltsame Verstrickung gelöst, die Botschaft verstanden.
- »Gewiss gibt es Unglück, das einem zustößt. Es lohnt sich aber, den (eigenen) Anteil der Angst zu sehen: Angst vor dem Neuen, vor der Macht der Triebe, Angst vor dem Fremden …
- Der Mythos legt nahe, dass das Vertrauen eine Gestalt braucht, an die es sich halten kann, eine Gestalt, die aus dem göttlichen Bereich kommt, wird (zusätzlich) zu den eigenen Kräften Mut machen können.«[11]

Lorenz Wachinger schließt mit einem Zitat, das Martin Buber von seiner Großmutter überliefert hat: »Man weiß nie vorher, wie der Engel aussieht.«[12]

Weitere wichtige Gesichtspunkte der Geschichte sind:

- Die Tobit-Erzählung erreicht uns heute nach fast 3000 Jahren über zunächst lange mündliche, dann schriftliche Überlieferung in einer völlig veränderten Welt.
- Christliche, gottesdienstliche Riten und Rituale, aber auch theologische Seminare holen die Gestalten der Erzählung immer wieder aus der Versenkung hervor und halten den Überlieferungsprozess lebendig, verhindern, dass sie zu stummem Wissen erstarren. Sie bauen tragfähige Brücken bis in unsere Zeit.
- Schon die Namen der Hauptakteure rückten die zentrale Botschaft ins Zentrum: »Gott ist gut« und »Gott heilt«. Zugleich reichen sie die Fragen »Wer ist Gott? Auf welche Weise berührt er mich?« an uns weiter.
- Gott ist für die Menschen dieser märchenhaften Erzählung eine feste Bezugsgröße, den sie preisen und loben, aber auch bitten und anklagen in Glück und Elend. Nicht an Leid und Zweifel vorbei, sondern durch beides hindurch zeigt ER sich. Auf ihn setzen Tobit, Tobias und Sara ihre ganze Hoffnung und scheitern nicht. Ihre Gebete lassen sie Schicksalsschläge ver-kraft-en. Sie begraben trotz aller Gefahren ihre Toten und geben ihnen damit ihre Würde zurück.
- Christlicher Glaube ist von Grund auf interreligiös. Judentum und Christentum sind in der Bibel unauflösbar miteinander verbunden und noch mehr in Jesus, dem gläubigen Juden, *Christus,* d.h. dem *Gesalbten* Gottes.
- Heilung geschieht aus der Dynamik dieses Gottesglaubens heraus: ER ist der Schöpfer des Himmels und der Erde, der den Anfang und das Ende für alle und alles setzt und der heilt – aber nicht ohne die Menschen! Sie werden manchmal zu Engeln: »Man weiß nie vorher, wie der Engel aussieht.«

Christliche Kunstwerke – »Christus in der Dose«

Sowohl der Künstler als auch seine teils provokante Symbolsprache sind Ihnen sicher bekannt. Anfangs glaubten selbst manche Kunstkenner, es handle sich bei diesem Kunstwerk um Blasphemie. Sind auch Sie entsetzt? Es handelt sich um ein Frühwerk Joseph Beuys' aus der Nachkriegszeit, entstanden 1949. Lassen Sie sich auf dieses Kunstwerk ein, und versuchen Sie, erst selbstständig seine Bestandteile zu sammeln und zu entschlüsseln.

© VG Bild-Kunst, Bonn 2020

Unsere Gedanken

- Da sind … eine Zigarrenkiste aus Sperrholz, links mit den alten Werbeemblemen der Firma und den dazugehörigen Schriftzügen – unverkennbar Nachkriegszeit!
- Rechts – nicht so leicht erkennbar – ein Körper, eine Figur aus knetbarem, inzwischen bröseligem Fensterkitt in Kreuzform mit einem Überbau, einer Gloriole.
- Dose steht nur im Titel. Zu sehen ist keine. Das ist also schon alles!
- Zigarren galten in der schweren Nachkriegszeit – wie heute – als Genussmittel, Geschenkartikel, Statussymbol. Wollen sie einen Hinweis geben auf die Möglichkeit, für eine Zigarrenlänge Elend und Not entfliehen zu können, alles zu unterbrechen, hinter sich

zu lassen, der harten Wirklichkeit zu entfliehen …? Nach Johann B. Metz ist Unterbrechung die kürzeste Definition für Religion, deren Grundaufgabe es ist, Leiden zu unterbrechen.

- Zigarrenkistchen waren damals kostbar, darin konnte man Briefmarken, Münzen, Muscheln, Briefe sammeln. Sie waren die reinsten Schatzkästchen. Vielleicht soll uns die Kiste an mittelalterliche Reliquienschreine erinnern, in denen die Gebeine der Heiligen gesammelt und verehrt wurden … ein Schrein ohne Gold, aus Alltäglichem.
- Die Figur, geknetet aus Fensterkitt – nach eigenem Gusto, eigenem Geschmack? Christus, leicht manipulierbar und zugleich zerbrechlich?
- Nein! Denn dieser *Christus in der Dose* – alias: Zigarrenkiste – ergibt mit Gloriole einen Anker, der bei genauerer Betrachtung mit dem Firmenlogo korrespondiert, dem Anker auf der linken Seite: geschäftlich ein werbeträchtiges Zeichen, aber in der Realität der feste Punkt, der Halt gibt, auch noch im Sturm. Vorsicht! Die Grenze zwischen Klischee und wahrem Symbolzeichen verläuft manchmal fließend.
- Wenn es Joseph Beuys ernst meint, dann vereint er in diesem Kunstwerk Kreuz und Anker. Dann ist das Kreuz zugleich unser Anker und Christus ebenfalls – nicht an Leid und Tod vorbei, sondern mittendrin und mitten hindurch, in Solidarität mit allen Leidenden.
- Unterstrichen wird diese Annahme durch den Titel *Christus in der Dose:* Auch Dosen waren im Nachkriegsdeutschland etwas Kostbares, nichts zum Entsorgen im Wertstoffhof. Dosen boten Haltbares, Überlebenswichtiges an wie die *Eiserne Ration* im Krieg.
- Wer Augen hat zu sehen, der sehe und glaube an diesen zerbrechlichen Christus, der Halt gibt, der die eiserne Ration ist für alle Verwundeten, Leidenden, der »zu kurz gekommen« ist. »Er hat unsere Krankheiten und unsere Schmerzen auf sich genommen … durch seine Wunden sind sie, sind wir geheilt.«[13]

Mit der Erschließung dieses Kunstwerks haben wir zugleich das zentrale Symbol des christlichen Glaubens für uns erschlossen: das Kreuz. Mit dem Jesaja-Zitat aus den Gottesknechtsliedern ist zugleich ein Beispiel gegeben, wie Altes und Neues Testament in Jesus Christus verbunden und überbrückt werden. Diese Jesaja-Stelle bildete damals für die Jünger Jesu eine der Schlüsselstellen, um dem Kreuzestod Jesu einen Sinn abzuringen. Der Prophet Jesaja steht neben der Johannespassion im Zentrum der Karfreitagsliturgie, der jährlichen Feier der Christen zum Gedenken an Jesu Tod am Kreuz. Aber das Kreuz verweist nicht nur auf den Tod, sondern auch auf das (Weiter-)Leben, auf die Auferweckung Jesu Christi durch Gott. Christen feiern sie an Ostern. Nicht der Tod, sondern Hoffnung und Leben haben das letzte Wort. Christen glauben: Das Kreuz umspannt beide Pole. Es ist unser Anker.

Impuls

Vor einiger Zeit feierten Freunde von uns ihre goldene Hochzeit. Sie baten uns, zu diesem Anlass eine religiöse Feier mit allen Gästen mitten in der Natur zu gestalten. Dabei entstand zu einer bekannten Melodie ein Text, also ein Lied, das wir gemeinsam singen konnten. Es greift das Anker- und Netz-Symbol auf und verhilft Ihnen vielleicht zu einem tieferen Verständnis … Eine Einladung zur Meditation.

Du bist unser Leben, du bist unser Strom,
Du bist unser Grund im Ozean der Zeit.
Du bist unser Anker, Netz, das trägt und hält,
dir vertrau'n wir, wenn auch Wind und Wellen uns bedroh'n.
Mit dir gibt es keine Angst; denn du hältst uns fest.
Sei uns nahe, bleibe bei uns, Gott!

Du gibst uns den Atem, schenkst uns Raum und Zeit.
Danke für die Zeit des Miteinander-Seins,
Danke für die Menschen, die uns anvertraut.

Licht und Dunkel wechseln, doch dein Netz umfängt uns sanft.
Dank für deine Liebe, für Geborgenheit.
Danke für dein Dasein Tag und Nacht.

Du bleibst unsre Hoffnung auf dem Weg ans Ziel,
für die Zahl der Jahre, die noch vor uns steh'n.
Jenseits aller Grenzen halte uns dein Netz
fest zusammen im Vertrauen auf das Wiedersehn.
Schenk uns deinen Frieden, Frieden für die Welt.
Segne uns mit deiner Liebe Kraft!

Gertrud und Norbert Weidinger

Ausdrucksformen des christlichen Glaubens

Sich Jesus annähern

Wer Gott sein könnte, erahnen wir zunächst im täglichen Leben mit allen Aha-Erlebnissen und Rätseln, allen Freuden und Nöten, die uns von Tag zu Tag erwarten, sowie aus den Antworten, die wir darauf suchen und finden. Christen haben jedoch ein Vorbild für ihren Glauben: Jesus von Nazareth. Er muss in der Geschichte der Menschheit eine große Rolle gespielt haben. Wie sonst käme es zu unserer offiziellen Zeitzählung seit 2020 Jahren, die mit seiner Geburt beginnt? Wer war und wer ist er? Welches Bild haben Sie von ihm?
Schon als Zwölfjähriger nahm Jesus wie alle frommen Juden an der jährlichen Wallfahrt zum Paschafest im Tempel von Jerusalem teil. Er besuchte auch die Synagoge in Nazareth und feierte mit seiner Glaubensgemeinschaft z. B. das Laubhüttenfest mit den vorgeschriebenen Ritualen und Bräuchen. Doch mit der Taufe im Jordan durch Johannes änderte sich sein Leben. Sie muss eine tief greifende Erfahrung, eine Art Berufung für ihn gewesen sein mit einer ihn verwandelnden

Kraft. Von da an zog er sich des Öfteren zum Gebet in die Einsamkeit zurück, wurde Wanderlehrer und -prediger. Er scharte Jünger, auch Jüngerinnen um sich. Jesus muss aus einer ganz einzigartigen Beziehung zu Gott gelebt haben. Die wiederum gab ihm eine kaum beschreibbare Ausstrahlung.
Als zentrale Botschaft verkündet dieser Jesus in starken Bildern das Kommen des Reiches Gottes und behauptet, dass es mit ihm angebrochen sei. Viele Leute, die ihn hören, rätseln und kommen zu dem Schluss: Er redet anders von Gott als unsere Priester. Er redet wie einer, der Macht hat.
Je mehr Leute ihn sehen und hören wollen, desto mehr gerät er in Konflikt mit der Priesterschaft, die um ihre Autorität fürchtet. Am Ende wird er vom römischen Statthalter Pilatus – gegen dessen eigene Überzeugung – als Aufwiegler unschuldig zum Tod am Kreuz verurteilt. Wie Jesu Jünger glauben wir Christen noch heute an seine Auferweckung durch Gott. Im Sturm und an Feuerzungen erkannten seine Jünger und Jüngerinnen die von Jesus verheißene Sendung des Heiligen Geistes, der Christen seither beisteht, tröstet, inspiriert und den Glauben stärkt in allem Suchen, Fragen und Zweifeln – auch in Zeiten von Krankheit, innerer Not und schicksalhaften Verstrickungen. Für Christen ist Gott dreifaltig-einer: Vater – Sohn – Heiliger Geist.

Christliche Symbolik in Jesu Worten

Auch Jesus stieß mit seiner Botschaft an die Grenze, die Schallmauer des Unsagbaren. Deshalb spricht er von Gott und seinem Reich in Gleichnissen und in Ich-bin-Worten, wenn er seinen Gottesglauben zum Ausdruck bringen will.
Um seinen Zuhörern, vor allem den Kranken und Gekränkten, Freunden und Gegnern seinen Glauben an das Anbrechen des Reiches Gottes zu verdeutlichen, erzählt Jesus Gleichnisse wie zum Beispiel: *Mit Gottes Reich ist es wie …*

- … mit der Saat, die der Sämann auf den Acker streut … *(Mk 4,1–9)*
- … mit dem entdeckten verborgenen Schatz … *(Mt 13,44–46)*

- … mit dem barmherzigen Samariter … *(Lk 10,25–37)*
- … mit dem verlorenen Schaf *(Lk 15,1–10)* oder dem verlorenen Sohn … *(Lk 15,11–32)*

Manchmal reicht ein einziger Satz, und schon erwachte in seinen Hörern und Hörerinnen eine neue, ganz andere Vorstellung von Gott und seinem Reich, und es geht uns heute noch so.

Impuls

Lesen Sie doch für sich einmal eines der Gleichnisse in der Bibel. Jedes sagt sehr viel aus über den Glauben Jesu und seine Vision von Nächstenliebe, von einer Welt, in der einer dem anderen zum Nächsten wird.
Man mag solche Gleichnisse als Metaphern, Parabeln oder Bildreden deuten. Immer beschreiben sie einen Vorgang, einen Prozess. Immer greifen sie auf alltäglich Erlebbares zurück, erzeugen so Interesse und – im positiven Fall – ein Aha-Erlebnis, eine sich plötzlich einstellende neue Einsicht. Sie bringen darunter oder dahinter Liegendes zum Vorschein, nämlich Gott als

- geduldigen Sämann, der nicht jedes Unkraut ausreißt.
- gütigen Vater, der für den verloren geglaubten Sohn ein Fest initiiert.
- guten Hirten, der seine Schafe bewacht und dem verirrten Schaf nachgeht.

Fast alle Bibelforscher kommen zum Ergebnis: Nirgends sind wir heutige Menschen der originalen Stimme Jesu so nahe wie in den Gleichniserzählungen. Jesus sprengt damit die Grenze zum Un-Vorstellbaren und Un-Sagbaren, überbrückt den Graben, der uns von ihm und seiner Zeit trennt, knüpft auch für Menschen, die am Rand der Gesellschaft stehen, eine neue Beziehung zu Gott, ermutigt, stiftet Vertrauen – die Grundlage jeglicher heilsamen Verwandlung oder Heilung.
Im Johannesevangelium erfahren die Gleichnisse noch eine Steigerung und theologische Überhöhung durch Jesu *Ich-bin-Worte:*

Ich bin das Brot des Lebens.
Ich bin das Licht der Welt.
Ich bin der gute Hirt.
Ich bin die Auferstehung und das Leben.
Ich bin der wahre Weinstock, ihr seid die Reben.

Joh 6,35; 8,12; 10,11; 10,14; 11,25; 15,5

Ohne Zweifel verweist der Evangelist damit auf den alttestamentlichen Gottesnahmen: Jahwe (hebr.: *Ich bin, der ich bin*). Die Ich-bin-Worte schlagen also eine Brücke vom Alten zum Neuen Testament. Sie offenbaren sowohl seine Einheit mit dem Vater als auch die radikale Hingabe seines Lebens für die Rettung der Ausgestoßenen und Verlorenen. Jesus gibt sich selbst hin für das Leben der Welt. Er schenkt seinen Jüngern die Kraft, die sie brauchen – auch uns heutigen. Er ist die Tür zum himmlischen Vater. Deshalb kann er sagen: »Ich bin gekommen, dass sie das Leben haben und es in Fülle haben.«[14]

Impuls

Beim Versuch, den persönlichen Glauben an Jesus in Worte zu fassen, entstand ein kurzes Glaubensbekenntnis, zugleich eine Überleitung zum nächsten Abschnitt. Eine Einladung für Sie zur Meditation.

Ich möchte ein Mensch werden wir du,
dessen Leben und Gestalt anderen Hoffnung gibt und Halt.
Ich möchte ein Mensch werden wie du,
der Einsamen zur Seite steht, mit ihnen redet, isst und geht.
Ich möchte ein Mensch werden wie du,
dessen Leiden Früchte trägt und wie ein Same Wurzeln schlägt.
Ich möchte ein Mensch werden wie du.

Norbert Weidinger

Christliche Symbolik in Jesu Taten

Jesus vollzieht heilsame Zeichenhandlungen, die Zeitgenossen und Zeitgenossinnen nach damaligem Verständnis Wunder nennen. Sie haben ihre Vorgeschichte bei den Propheten. Diese verstärken durch Zeichenhandlungen die Wirkung ihrer Reden oder Visionen von drohendem Unheil, z. B. durch das Zerschmettern eines Kruges. Und wie war das bei Jesus? Ein Begriff für »Wunder im Sinne des Wider-Naturgesetzlichen findet sich in der Bibel nicht«, lesen wir im Bibellexikon. Und: »Wo wir von Wunder sprechen, spricht sie (die Bibel) differenziert von Krafttaten, Staunen erregenden Geschehnissen, Zeichen oder Heilungen … erzählt davon, dass Gott Menschen durch seine mächtige Hilfe gerettet hat.«[15] Die Bibel ist in einer anderen Zeit verfasst. Die Norm, an der Wunder zu messen sind, ist nicht das Naturgesetz, sondern die Lebenserfahrung der damaligen Menschen. Sie sahen Gott am Werk.

Bei den biblischen Heilungserzählungen Jesu fallen jedenfalls drei Dinge auf:

- Jesus fragt in der Regel: »Willst du geheilt werden?« Er sucht das Ja des Hilfe suchenden Menschen.
- Er berührt den leidenden Menschen und sucht den direkten Kontakt zu ihm.
- Und schließlich folgt zum Abschluss meist der Satz: »Dein Glaube hat dir geholfen.«

Der Glaube ist das Entscheidende, damit Jesu Wirken heilsam werden kann. Wer Augen hat zu sehen und Ohren zu hören, kann wahrnehmen, mit welcher sensiblen Intensität und zugleich Vorsicht und Vorliebe sich Jesus kranken, bedürftigen Menschen zuwendet, vor allem jenen, die wegen ihrer Krankheit aus der Gesellschaft ausgestoßen sind – wie die Aussätzigen. Sie holt er zurück in die Gemeinschaft, wie zum Beispiel den Zöllner Zachäus, das »leichte« Mädchen Maria Magdalena, den blinden Bettler Bartimäus oder jene, mit denen ein frommer Jude keinen Umgang haben durfte: den römischen Hauptmann von Kafarnaum oder die phönizische Frau mit ihrer kranken Tochter, die Samariterin am Jakobsbrunnen: Ihnen allen spricht Jesus die rettende Nähe des barmherzigen Gottvaters zu, wenn sie offen dafür sind. Das ist die eigentliche Heilung aus der Sicht Jesu – ohne ihre Menschenwürde zu verletzen, ohne sie zum Objekt herabzuwürdigen. Mit diesen Menschen hält Jesus Mahl und setzt so ein Zeichen. Sie lädt er ein: »Kommt ihr Mühseligen und Beladenen, ich will euch Erleichterung und neue Lebensfreude schenken!«[16] In Jesus ist dieser heilende Gott zum Greifen nah.

Der poetische Text des deutschen Priesters und Lyrikers Wilhelm Willms hat uns geholfen, als wir vor der Frage standen: Wie können wir uns Heilungen, zeichenhafte Handlungen Jesu vorstellen? Vielleicht lässt dieser Text auch Sie erahnen, welche Art von Beziehung Jesus mit Hilfe suchenden Menschen aufgebaut und auf welche Art er ihnen geholfen hat.

IST DAS WAHR

wußten sie schon
daß die nähe eines menschen
gesund machen
krank machen
tot und lebendig machen kann
wußten sie schon
daß die nähe eines menschen
gut machen
böse machen
traurig und froh machen kann
wußten sie schon
daß das wegbleiben eines menschen
sterben lassen kann

daß das kommen eines menschen
wieder leben läßt
wußten sie schon
daß die stimme eines menschen
einen anderen menschen
wieder aufhorchen läßt
der für alles taub war
wußten sie schon
daß das Wort
oder das tun eines menschen
wieder sehend machen kann
einen
der für alles blind war
der nichts mehr sah
der keinen sinn mehr sah in dieser welt
und in seinem leben
wußten sie schon
daß das zeithaben für einen menschen
mehr ist als geld
mehr als medikamente
unter umständen mehr
als eine geniale operation
(...)

als jesus
den tauben heilte
da ist er mit dem finger
in dessen ohren gegangen
er blieb nicht auf distanz
jesus ist ganz dicht
an den tauben herangegangen

und hat gesagt ▷
komm laß mich mal an deine ohren heran
und dann hat jesus mit dem finger
in seinen ohren gebohrt
die waren nämlich total verstopft
jesus hat den gehörgang des tauben
frei gemacht
von floskeln
von lügen
von allgemeinplätzen
von vorurteilen
ganz tief drinnen[17]

Wilhelm Willms

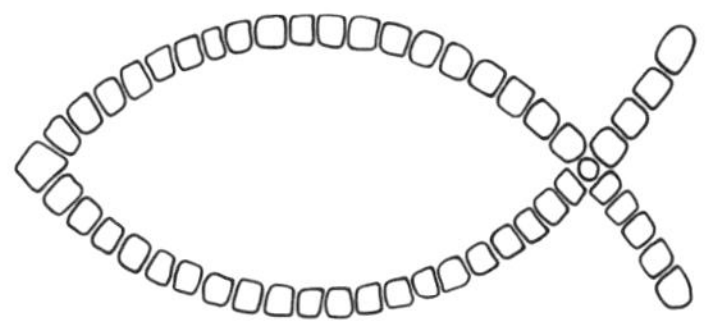

Die Spuren der Transzendenz, die Symbolsprache des christlichen Glaubens sind tief verwurzelt in der Gestalt, den Worten und Taten Jesu, seinem Leben, seinen Gleichnissen, Ich-bin-Worten und Zeichenhandlungen, seiner Art zu beten, von Gott zu sprechen. So ist er für uns Vorbild geworden im Glauben, im Beten und in gottesdienstlichen Ritualen bis auf den heutigen Tag. Wir beten noch immer das Vaterunser, feiern das Abendmahl, die Eucharistie, die Taufe, die Krankensalbung. Diese Feiern sind das Wertvollste, was Jesus uns hinterlassen hat mit der Verheißung, unter diesen Symbolzeichen und Ritualen wirkmächtig und heilend gegenwärtig zu sein. Die Sakramente des christlichen Glaubens sind für Christen und Christinnen wirksame Zeichen seiner Transzendenz im Heute. Allerdings müssen sie in jede Zeit und Generation hinein neu übersetzt, nicht nur als alt-ehrwürdige Museumsstücke weitergegeben werden, sondern als wirkungsvolle Zeichen der Nähe Gottes. Ihre Wirkung schafft eine neue Wirklichkeit, wie wenn zwei Menschen sich aus ganzem Herzen zusprechen: »Ich liebe dich.« Vergleichbares geschieht, wenn Menschen zu Gott beten (z. B. das Vaterunser): Dann ist der Ich-bin-da mitten unter uns, und sein Reich wächst unter und mit uns. Auf die gleiche Weise wirkt unter Christen die Bitte um Gottes Segen heilsam.

Quellen der Heilkraft

Sehr viele Menschen – auch Christen – gehen davon aus, dass die Natur Heilkräfte in den Urelementen Wasser, Feuer, Luft und Erde birgt, auch in Heilpflanzen und Bäumen. Eine beredte und unumstrittene Zeugin dafür ist Hildegard von Bingen. Allerdings verweist sie zugleich auf einen ausschlaggebenden Unterschied: Aus dem Verständnis des christlichen Glaubens heraus verdankt sich jede natürliche Heilkraft der Schöpferkraft Gottes, eines – gemäß der Botschaft Jesu – wohl-wollenden Gottes. Auch in der Bibel *(Weish 11,26)* wird Gott »Freund des Lebens« genannt. Er ist die erste Quelle aller Energie und Heilkraft.

Mit dem ersten Pfingsten *(Apg 2,1–42)* kommt eine weitere Quelle in den Blick: der Heilige Geist, der *göttliche Funke,* der sich in jedem Menschen niederlässt in Taufe und Firmung. Hildegard von Bingen preist ihn mit den Worten:

> »O du Feuergeist und Tröstergeist, Leben des Lebens aller Geschöpfe, heilig bist du, der du lebendig machst die Gestalten. Du Heiliger, mit deiner Salbe rettest du die Verletzten. Heilig bist du, durch deine Reinigung heilst du die eitrigen Wunden. O du Hauch der Heiligkeit, o du Feuer der Liebe, … beschütze alle, die vom Feind in die Kerker geworfen wurden, befreie, die in Banden lie-

gen, mit göttlicher Kraft willst du sie ja retten. … Du bringst auch immer wieder die Menschen zur Einsicht, beglückst sie durch den Anhauch der Weisheit … du Freude des Lebens, du Hoffnung und mächtige Ehre, du Schenker des Lichts. Amen.«[18]

Impuls

Nehmen Sie sich etwas Zeit, und lesen Sie das Gebet Hildegards noch einmal langsam für sich. Streichen Sie dann jene Stellen an, die Sie berührt haben. Sie können auch eine Zeile für sich selbst ergänzen, um der christlichen Quelle der Heilkraft näherzukommen.

Wie alle Mystikerinnen glaubt Hildegard an den göttlichen Funken, Gottes Geist, in jedem Menschen. Am ersten Tag der Schöpfung schwebte er über den Wassern (Genesis). Beim ersten Pfingstfest kam er über die junge christliche Gemeinde im Sturm und in Feuerzungen (Apostelgeschichte). Diese Geisteskraft rührt das Innerste im Menschen an, stiftet eine vitale Beziehung zwischen Gott und Mensch, fördert Können und Erkenntnis in allen Bereichen der Wissenschaft und Kunst, auch der Heilkunst. Er weckt den Glauben an den dreieinigen Gott: Vater – Sohn – Heiliger Geist. Ein äußerst dynamisches Gottesbild! Ein aus gegenseitiger Beziehung wirkender Gott, der auch die Beziehung zu den Menschen sucht. Er ist die Quelle und Ursprung aller Heilkraft und Heilung.

In Ritualen und Symbolen des christlichen Glaubens bahnen sich die heilenden, verwandelnden Kräfte dieses dreieinigen Gottes ihren Weg. In ihnen dürfen Glaubende schon im Hier und Jetzt etwas von der verheißenen Lebensfülle erfahren:

- in Meditation und Gebet – in all seinen Formen und Facetten
- in Segensworten zu vielen Anlässen – im »Benedictionale«, dem Segensbuch der Kirche mit 150 Segensritualen
- in gottesdienstlich-liturgischen Feiern, einschließlich der Sakramente

Zusammenfassung

Der große Bogen ist gespannt vom allgemeinen Verständnis der Rituale und Symbole zum spezifisch christlichen: Zu Beginn hielten wir Ausschau danach, wie Menschen Rituale und Symbole ganz allgemein verwenden, nämlich als Kommunikationsmittel in Politik, Kunst, Psychotherapie sowie im ganz alltäglichen Austausch von Erfahrung und Lebenswissen. Rituale und Symbole haben ihren spezifischen, unersetzbaren Platz und bilden die Brücke zwischen Sagbarem und Noch-nicht- oder vielleicht In-Worten-nie-Sagbarem. Schon allein deshalb übernehmen sie eine enorm wichtige Funktion im Leben des Einzelnen wie im Zusammenleben aller Menschen. Diese lässt sich zutreffend mit *heilsam* umschreiben. Ihre Heilkraft erweist sich, wo geistig-seelische Prozesse ins Stocken geraten, gestört oder blockiert sind und wieder in Gang gesetzt werden, wo Wunden der Vergangenheit heilen sollen – im privaten, im politischen wie im therapeutischen Bereich.

Durch alle Erscheinungs-, Funktions- und Wirkungsschichten der Rituale und Symbole hindurch suchen glaubende Menschen, auch Christen, nach einem ersten und letzten verlässlichen Bezugspunkt ihres Lebens, nämlich nach Gott. Auch hierbei übernehmen sie eine unersetzbare Rolle. Das Spezifische der christlichen Rituale und Symbole ist ihre Verwurzelung in den Glaubenszeugnissen der Menschen, vor allem der Bibel. Die Bibel verstehen Christen als Gotteswort im Menschenwort. Die gleiche Qualität haben auch die in der Bibel überlieferten Rituale und Symbole, insbesondere die von Jesus Christus gestifteten. Somit werden für Christen Beten, Meditieren, Segnen und Sich-segnen-Lassen und die Sakramente zu Orten und Feiern der Begegnung mit Gott. Sie bilden die Brücke, über die sie mit Gott in Verbindung treten und mit seiner Heilkraft in Berührung kommen. Er weckt auch unsere inneren Heilkräfte und den inneren Heiler in uns.

HEILKRÄFTE ERÖFFNEN DEM LEBEN NEUE MÖGLICHKEITEN

Was meinen wir, wenn wir von *Heilkraft* reden, wenn wir den Begriff *Heilkraft* gebrauchen? In welchem Zusammenhang und in welchen Situationen unseres Lebens greifen wir ihn auf?

Beobachtungen und Wahrnehmungen

Der Begriff *Heilkraft* ist zunächst einmal ein zusammengesetztes Nomen mit dem Grundwort *Kraft* und dem Bestimmungswort *Heilen,* also Heilkraft als Kraft zum Heilen (wovon?). Die beiden Grundbegriffe verbinden sich unter vielen anderen Bedeutungen mit Dynamik und Vitalität, Energie und Heilung.

Heilkräfte begleiten uns jeden Tag, ob wir es wahrnehmen oder nicht. So beleben uns beispielsweise die Heilkräfte der Luft, wenn wir morgens die Fenster öffnen und frische Luft durch unsere Lunge strömt. Sie begegnen uns häufig und in großer Vielfalt, sind unerschöpflich, individuell und gestaltbar.

Wenn wir spazieren gehen, können Heilkräfte der Natur auf uns wirken, wie die Heilkraft der Sonne, wenn das Licht unsere Stimmung hebt. Solche Kräfte wirken einfach so, ohne unser Zutun. Sie werden uns geschenkt oder fehlen uns. Wer sich ihnen allerdings bewusst zuwendet, kann ihre Heilwirkung viel intensiver wahrnehmen.

Auch in alltäglichen Ritualen und Symbolen können wir Heilkraft erleben, erfahren, spüren (z. B. in Verabschiedungsritualen, wenn wir aus dem Haus gehen). Ob im Miteinander oder jede für sich selbst, ob be-*greif*-bar oder als Gedanke, ob als stille innere Haltung oder im sichtbaren Vollzug: Heilkräfte sind dort am Werk, wo Menschen ihr Leben gestalten. Dies gilt im Alltag, zu besonderen Hoch-Zeiten, in Phasen des Glücks und Erfolgs genauso wie im Schmerz, in der Not und in der Verzweiflung.
Heilkräfte sind Geschenke, die uns einfach so zur Verfügung stehen (z. B. die Heilkräfte der Natur), die wir manchmal erbitten (z. B. die Heilkraft des Trostes), nach denen wir uns sehnen (z. B. die Heilkraft des Vertrauens) oder die wir uns individuell und persönlich erarbeiten und mit denen wir uns selbst bescheren (z. B. die Heilkraft unserer Lebensgestaltung).

Heilkräfte eröffnen neue Horizonte

Ursprung und Urquelle der Heilkräfte

Die tiefste Quelle der Heilkraft liegt im Menschen selbst. Es ist die Ur-Heilkraft. Sie ist in einer anderen, nur dem Menschen eigenen Dimension angesiedelt, in einer Höhen- oder auch Tiefendimension. Das ist eine Dimension, die über Körper und Seele hinausgeht, die den Menschen in seiner Ganzheit ausmacht. Es ist eine spezifisch humane geistige Dimension. Dort sind Werte und Sinn beheimatet, dort finden wir die spezifisch humane Fähigkeit der Selbstreflexion (über sich selbst nachdenken, sich das eigene Tun zurückspiegeln), Selbstdistanzierung (Stellung beziehen zu sich selbst, zum Körperlichen und zum Seelischen) und Selbsttranszendenz (Menschsein verweist immer auch über sich selbst hinaus, es ist auf die Ergänzung durch anderes, Höheres angewiesen). In dieser Dimension finden wir Eingebung, In-

spiration und Kreativität (künstlerisches Schaffen, Muße im weitesten Sinn), aber auch so etwas wie Humor, Urvertrauen, Hoffnung und Glauben (und vieles mehr). Für diese Dimension gibt es keine hintergründigen Erklärungen. Die Frage nach Wissenschaftlichkeit, Begründungen und Nachweisen erübrigt sich, weil nichts zu beweisen und zu begründen möglich ist.
Wer möchte und kann schon erklären, wieso ein Franz Marc dieses wunderbare blaue Pferd gemalt hat? Wer möchte und kann schon eruieren, woher eine Hildegard von Bingen ihre Eingebungen hatte? Wer möchte und kann schon nachweisen, wieso kranke Menschen durch die Heilkraft der Liebe genesen können? Wer möchte und kann schon feststellen, woher die Sehnsucht der Menschen kommt, über sich hinauszuwachsen und sich mit etwas Höherem zu verbinden (mit Gott, dem Universum, dem Kosmischen)?
Alle Erklärungen, Nachweise, wissenschaftlichen Untersuchungen laufen in dieser nur dem Menschen eigenen Dimension ins Leere. Und wer diese menschliche Urquelle doch definieren will, läuft Gefahr, den Menschen zu reduzieren, z. B. auf die Gehirnfunktionen, auf Nervenreaktionen, auf Hormone, auf das Zusammenspiel von biologischen, chemischen und anderen Prozessen.

Kennen Sie in Ihrem Leben diese Ur-Heilkraft?
Vielleicht achten Sie einmal darauf. Sie werden erstaunt sein, wie oft sie sich am Tag zeigt.

Heilende Kraftquellen

Um leben zu können, kann der Mensch noch andere Heilkraftquellen benutzen, z. B.:

- Heilkräfte aus Gottes Schöpfung, der Natur (Wasser, Feuer/Licht, Erde, Luft, Pflanzen und Bäume)
- Heilkräfte, die der schöpferischen Kraft des Menschen entsprungen sind (Getreide/Brot und Trauben/Wein)

- Heilkräfte aus Lebens-Grundhaltungen und -Grundbedürfnissen (die Heilkraft der Liebe, die Heilkraft des Glaubens und Vertrauens, die Heilkraft der Hoffnung, die Heilkraft des Trostes → *Heilsame Grundhaltungen,* Seite 169 ff.) und Selbstheilungskräfte
- Heilkräfte aus Medizin und Forschung
- Heilkräfte aus der Erforschung der menschlichen Seele (Psychologie, Psychotherapie)
- Heilkräfte aus Herausforderungen des Lebens, aus Berührungen

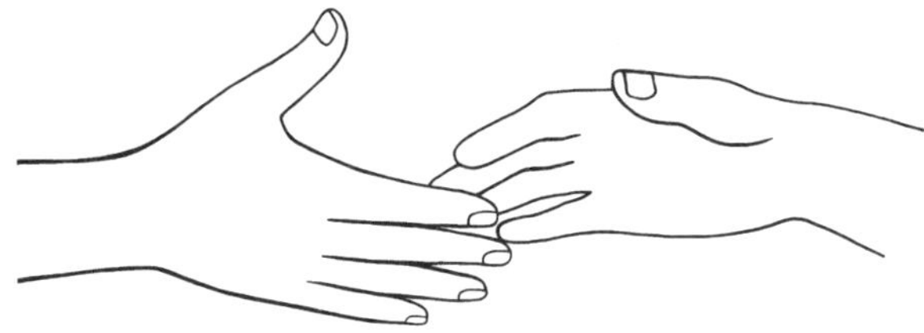

Die Palette kann noch unendlich erweitert werden. All diese heilsamen Kräfte können bewusst wahrgenommen und gestaltet werden. Einige sind in jedem Menschen schon von Anfang an angelegt. Sie sind sozusagen die Mitgift des Lebens, kostenlose Geschenke. Andere entstehen aus dem Zusammenspiel zwischen Leben und Mensch, aus Lebenserfahrungen.

Anstoß zu einem Verwandlungsprozess

Heilkräfte tragen in sich die Kraft der Verwandlung. Damit ein Prozess der Verwandlung in Gang kommen kann, braucht es einen aktiven und einen passiven Anteil. Es geht darum, sich verwandeln zu lassen, um eine innere Bereitschaft und Zustimmung einerseits und andererseits, um verwandelt zu werden, etwas, was sich ohne unser Zutun vollzieht. Zum einen: Bin ich überhaupt bereit, mich verwandeln zu lassen? Und zum anderen: Eine Situation, ein Ereignis, ein anderer Mensch, eine Begegnung, etwas Schicksalhaftes, etwas nicht zu Änderndes passiert, es vollzieht sich.

Manchmal stellt uns das Leben vor Herausforderungen, stellt uns Fragen, will unsere Antworten. Oft sind es diese Herausforderungen, wo heilsame Kräfte sichtbar und spürbar werden. Und genau da kann sich ein Prozess der Verwandlung vollziehen: von einem Defizit hin zu einer Aussicht (beispielsweise von der Sehnsucht nach Akzeptanz hin zu einer Begegnung auf Augenhöhe), von der erdrückenden Realität zu einem neuen Horizont (von einem Mangel an Gesundheit hin zu neuer Hoffnung), von einem Weniger hin zu einem Mehr (von Oberflächlichkeit hin zu mehr Tiefe, mehr Erfüllung), vom Menschlichen hin zur Transzendenz (vom funktionierenden Wesen Mensch hin zu einem geisterfüllten menschlichen Leben mit Gott).
Verwandlung steht als Metapher für eine Wendung des Lebens hin zu Gelingendem, Passenderem. Dafür steht das Stichwort *Kohärenz* (Leben und Situation passen zusammen, sind stimmig für einen Menschen, mehr dazu im Kapitel *Ausklang: Eine andere Perspektive* → Seite 195 ff.). Heilkraft bedeutet Heilsam-Werden, Heilsam-Sein, eine heilsame Kraft, die dynamisch (uns bewegt) und prozesshaft ist (eine Entwicklung mit sich bringt).
Die Sehnsucht nach Heilwerden an Leib, Seele und Geist, die Bitte um Kraft zur Heilung ist ein Prozess und durchzieht jedes Leben. Und sie ist zugleich auch etwas, das uns an etwas Höheres anbindet. Gläubige Menschen nennen es Gott. Diese Anbindung leuchtet in vielen heilkräftigen Ritualen und Symbolen des Alltags und des Christentums auf. Die Heilkraft der christlichen Rituale und Symbole liegt im Seelisch-Geistigen und zeigt sich oft auch im Körperlichen.
Heilsame Kräfte können sich dort entwickeln, wo Menschen nicht stecken bleiben in ihrer Lähmung durch Schicksal, Leid und Unrecht, sondern aufbrechen und sich lösen aus der Erstarrung. Oft gelingt einem das nicht mehr, weil man schon zu sehr gelähmt und verstrickt in etwas ist und keinen Ausweg sieht. Da haben Freunde ihren Platz, da können sie heilsam wirken und den Gelähmten in Bewegung bringen. Wo Ratlosigkeit und Resignation überwunden werden, tut sich ein Tor auf, kann Heilung in Gang kommen.

Die Bandbreite erahnen

Unterschiedliche Menschen fühlen sich von unterschiedlichen Symbolen, Ritualen und ihren heilenden Kräften unterschiedlich angesprochen. Was für die eine ansprechend und hilfreich ist, muss für den anderen noch lange nicht gelten. Was für den einen kräftigend und hilfreich ist, muss für die andere noch lange keine Bedeutung haben. Und je nach Situation kann ein Händedruck heilsam oder nichtssagend sein.

Heilkraft hat ihren Platz im Leben, sie nimmt in unendlich vielen Formen Gestalt an, sowohl im Miteinander als auch für jeden einzelnen Menschen: in Gedanken und Ideen, im Leisen und im Schönen, im Hörbaren und im Sichtbaren, in der Natur, der Sprache, in Worten und Zeilen, in Mimik und noch so unscheinbaren Gesten, in Tönen und Musik, Bildern, Farben und Formen, in Skulpturen und Bauwerken, in Kreativität und Intuition.

Wer den Heilkräften im Leben Raum gibt, sich ihrer bewusst wird und sie als Geschenk annimmt, kann sein Leben auch klarer, vielfältiger und lebensbejahender gestalten.

Heilkraft braucht weder einen Zeitpunkt noch einen Ort. Überall und jederzeit kann sie wirken: am Schreibtisch, im Bett, am Esstisch, beim Arzt, im Pflegeheim, in der Asylbewerberunterkunft, in der Kirche, auf der Straße, im Bus.

Immer wieder lässt sie sich anzapfen und benutzen, ohne Zeitbegrenzung, ohne Verschleiß. Heilkräfte sind also individuell, vielseitig, gestaltbar, zeitlos und unerschöpflich.

Was denken Sie nun dazu? Wie würden Sie jetzt das Phänomen Heilkraft für sich buchstabieren? Vielleicht können Sie das in einem Bild ausdrücken oder in einer Metapher, einem Vergleich.

Heilkräfte in alltäglichen Worten, Gesten und Ritualen

Im persönlichen Leben

Jeder Mensch hat für sich seine eigenen Worte, Gesten und Rituale, die ihn durch den Tag begleiten. Es gibt Worte und Redewendungen, die wir häufig benutzen. Ich denke an einen Freund unserer Familie. Er beendet häufig seinen Satz mit »... so, so«. »Na ja« oder »gut, gut« gehören ebenso in diese Sparte. Wenn ich etwas Unglaubliches höre, kommt mir sehr schnell das Wort »Echt?« oder die Redewendung »Da schau an!« über die Lippen. Solche floskelhaften Äußerungen entlasten zunächst das Denken und geben etwas Zeit.

Ab und zu tut es gut, sich selbst einmal zuzuhören und auf solche Floskeln oder auf eigene Gesten zu achten. Gesten sind oft Ausdruck der unreflektierten momentanen Befindlichkeit.

Welche Geste fällt Ihnen gerade ein? Spiegelt sie vielleicht auch Ihre momentane Befindlichkeit wider?

Rituale sind wie ein unsichtbares Geländer, an dem man sich entlanghangeln kann. Sie vollziehen sich immer gleich, sie geben dem Tag Struktur. Rituale gestalten den Tag, bedeuten eine Zäsur im Fluss des Tages und sollen Kraft für das Nächste geben. Rituale tragen auch immer die gleiche Botschaft und Bedeutung.

Das Bettgehritual für Kinder ist ein gutes Beispiel dafür. Wehe, wenn etwas weggelassen oder deutlich verändert wird! Das Ende des Tages ist erreicht, lautet die Botschaft, und nun beginnt das Nächste, die Nacht.

Viele Menschen haben für sich Rituale entwickelt, die im Tagesverlauf eine Rolle spielen. Ich denke da an ein Ritual, das ich selbst nach dem Aufstehen praktiziere, meine Morgengymnastik.

Gerade ältere Menschen halten sich gern an Ritualen fest. Ich kenne einige Menschen, die ihren Partner verloren haben und nun allein den Tag bestehen müssen. Sie gestalten den Tag mithilfe von Ritualen, die sie schon immer mit dem Partner praktiziert hatten. Nun führen sie das Ritual allein aus. Das hilft ihnen.

Oder es gibt das Ritual des Kaffeekochens, Teezubereitens. Daraus entwickelten sich ganze Zeremonien. Denken Sie an die Teezeremonie in Fernost. Worte, Gesten und Rituale des täglichen Lebens entpuppen sich als heilkräftig, weil sie dem Einzelnen Halt und Stütze geben.

Haben auch Sie Rituale, die Sie durch den Tag begleiten? Welche sind das?

Im Miteinander

Worte, die wir einander sagen, sind oft mit Gesten verbunden. Sie können zu Ritualen werden, besonders im Leben mit anderen Menschen. Das gebräuchlichste Ritual des Alltags im Miteinander ist wohl der Gruß. Er ist stets ein Ausdruck für eine Beziehung. Wie tief die Beziehung ist, lässt sich an der Art des Grußes ablesen. Der Gruß verdeutlicht: Ich sehe dich, ich nehme dich wahr. Und das heißt nichts anderes als mit dem anderen in eine – wenngleich vielleicht nur kurze – Kommunikation zu treten. Wenn wir grüßende Menschen sehen und die Wirkung des Grußes bedenken, so können wir oft leuchtende Augen und hochgezogene Mundwinkel beobachten. Es tut dem anderen gut, etwas zugesprochen zu bekommen. Ein Gruß kann heilsam, heilend sein. Deshalb soll er hier seinen Platz finden. Nicht zuletzt, weil er uns einen Weg zeigt zu den christlichen Segensritualen.

Der Gruß und die Begrüßung

Worte als Gruß bzw. Wunsch: Hallo, Hi, Servus, Guten Tag. Ich grüße Sie, Herzlich willkommen, Moin, moin, Grüß Gott, Grüß dich (Griaß di), Grüeziwohl, Habe die Ehre, Tschau, Auf Wiedersehen,

Wiederschaun, Gott befohlen, Behüt dich Gott (Pfiadi), Ade, Adios, Adieu (abgeleitet vom Lateinischen *ad deum,* d.h. *zu Gott, also geh mit Gott*), Tschüss und Tschö (aus dem Portugiesischen *adeus,* in den damals spanischen Niederlanden *atjüs*), *Meinen Segen hast du* (ich wünsche dir, dass dies gelingt), Schönen Tag noch, Guten Appetit, Mahlzeit (eigentlich: *gesegnete Mahlzeit*), Frohe Weihnachten, Fröhliche Ostern usw.

Die Geste als Gruß

Anderen zuwinken, zunicken, sich verneigen, Hände schütteln, mit der Hand an die Schläfe tippen (Matrosengruß, militärisches Begrüßungsritual), den Hut ziehen, Arme ausbreiten (Geste des Willkommenheißens).

Die gegenseitige Berührung als Gruß

Händedruck, sich Hände reichen, Hände schütteln, das Gegenüber an beiden Händen fassen, Hand auf Hand legen, Hand auf den Unterarm des anderen legen, mit der Handfläche den Handrücken berühren, Hand auf die Schulter, Umarmung, Wangen berühren, Bussi, französische Küsschen, ein Kuss, »Give me five«-Gruß, das gegenseitige Abklatschen, Gruß durch Berührung der Fäuste und Abklatschen (Gruß vieler Jugendlicher).

Geste und Berührung als Gruß …

… verbunden mit anderen Ausdrucksmitteln, z.B. mit einem Wort oder Satz: Hallo, meine Liebe, schön, dass du da bist, ich freue mich, ich brauche dich, ich denk an dich, ich wünsche dir viel Kraft. Oder verbunden mit sichtbaren Emotionen wie Lachen oder Weinen; verbunden mit Bewegungen wie Tanzen und Hüpfen, vertieft durch mehrmalige Wiederholung, durch unterschiedlichen Druck der Berührung, durch die unterschiedliche Länge der Berührung.

Wie begrüßen oder verabschieden Sie sich von Ihrer besten Freundin? Wie tun Sie das mit Ihrem Chef, der Chefin? Welche Bedeutung hat das für Sie?

Heilkräfte in christlichen Worten, Gesten und Ritualen

Im Zeichen des Kreuzes

Da die meisten Segensgesten mit dem Kreuzzeichen verbunden sind, betrachten wir in diesem Zusammenhang das Kreuz in besonderer Weise. Es ist das zentrale Symbol des Christentums. Das Kreuz – in jeder Ausgestaltung, ob mit gleich oder unterschiedlich langen Balken. Es taucht in den verschiedensten Varianten auf, wo Christen leben: im Wohnzimmer oder in der Öffentlichkeit als Gipfel-, Flur- oder Wegkreuz, als Kirchturmkreuz oder als Umhängekreuz – kunstvoll bearbeitet oder ganz schlicht, mit oder ohne den Korpus des Gekreuzigten. Für Christen ist es nicht nur ein Zeichen unter Tausenden, nicht nur Schmuckstück, sondern Erinnerungs- und Bekenntniszeichen an und zu Jesus Christus. Denn er ist am Kreuz gestorben zum Heilwerden der Menschen. Aber der Tod hatte in seinem Leben nicht das letzte Wort: Gott hat diesen Jesus Christus auferweckt zu neuem Leben. Deshalb ist das Kreuz zugleich Symbol seines schmerzvollen Todes wie auch seiner Auferstehung. Es ist somit Heils- und Heilungszeichen schlechthin für alle, die an ihn glauben und sich mit dem Kreuzzeichen zu ihm bekennen. Es verbindet in Jesus Christus Himmel und Erde, Gott und Mensch, Sterben und Auferstehen.

Mit dem Kreuzzeichen beginnen und beenden Christen ihr gemeinsames Gebet. Mit ihm rufen sie Christus in ihre Mitte, der ihnen verheißen hat: »Ich bin bei euch alle Tage bis ans Ende der Welt!« *(Mt 28,20)*.
Mit dem Kreuz als Segensgeste segnen Christen einander und erbitten Gottes Schutz und Nähe bei Tag und Nacht, in der Arbeit und der Ruhe, am Beginn und am Ende einer Reise oder eines Vorhabens.
Mit dem Kreuz spenden Priester bzw. Laien die Sakramente, die Jesus gestiftet und hinterlassen hat, wie Taufe und Eucharistie. In der katholischen Kirche gelten auch Firmung, Beichte, Ehe, Priesterweihe, Krankensalbung als Sakramente. Es sind Zeichen an den Übergängen des Lebens, die das heilsame Wirken Jesu fortsetzen über seinen Tod hinaus – so wie er es wollte: »Tut dies zu meinem Gedächtnis!« *(Lk 22,19)*. Keiner kann ein Sakrament aus eigener Vollmacht spenden, sondern nur in Jesu Namen. Mit dem Kreuzzeichen besiegelt ER den Bund, den er uns auch heute noch anbietet, mit dem er die Verbindung mit jedem initiiert und aufrechterhält, der sie aus Liebe und aufrechtem Glauben sucht.

Deshalb ist das Kreuz für Christen das Zeichen des Heils, die Quelle jeglicher Heilkraft, die uns weiterhelfen und uns retten kann in den Stürmen des Lebens – wie damals die Jünger Jesu: Bei Nacht waren sie auf dem See Genesareth in Seenot geraten. Er kam ihnen über den See entgegen. Aber sie hielten ihn für ein Gespenst. Doch als er in ihr Boot stieg, legte sich der Sturm. Sie staunten, wussten nicht recht, wie ihnen geschah. Sie waren gerettet. Das Kreuzzeichen ist und bleibt das Symbol unserer Rettung. Es legt eine Sinn-Spur von seinem Tod in Jerusalem bis in unsere Zeit, im Auf und Ab unseres Lebens, von Übergang zu Übergang bis zum Allerletzten.

Nicht auf allen Wegen, die wir geh'n, lässt sich tanzen.
Unterm Kreuz lässt sich nicht tanzen,
    unterm Kreuz da stolpern wir.
Da wird unser Leben Kreuzweg. Da sind wir am toten Punkt.
Langsam wieder Schritt zu fassen, das bedeutet überleben.

Nicht auf allen Wegen, die wir geh'n, lässt sich singen.
Unterm Kreuz lässt sich nicht singen,
    unterm Kreuz da schreien wir.
Da wird unser Leben Kreuzweg. Da sind wir am toten Punkt.
Langsam Beten wieder lernen, das bedeutet überleben.[19]

Alois Albrecht

Impuls

Wer kennt nicht die Erfahrung, mit seinen Plänen und Hoffnungen zu scheitern? Dieses Lied setzt sich mit den leidvollen Erfahrungen menschlichen Lebens auseinander und zeigt, wie es weitergehen könnte, wenn wir den Weg Jesu mitgehen. Finden diese Gedanken in Ihrem Inneren Anklang? Langsam wieder beten lernen und überleben: Ist das eine Chance für Sie?

In unseren Meditationswochen haben wir mit den Teilnehmerinnen und Teilnehmern oft einen »Kreuztanz« eingeübt. Es ist ein Kreistanz, bei dem sich alle die Arme gegenseitig auf die Schultern legen und mit den Füßen immer wieder ein Kreuz auf den Boden zeichnen. Der Tanz stammt aus Lateinamerika und wurde von dortigen Kleinbauern getanzt, wenn sie ein neues Stück Land gerodet und für sich gewonnen hatten. Sie nahmen mit diesem Kreuztanz dieses Stück Erde für sich in Besitz. Der Tanz war Protest- und Segenszeichen zugleich. Er sollte den Kleinbauern Segen bringen. Sie wollten ihr Land und sich mit dem Kreuz gegen übergriffige Großgrundbesitzer schützen.

Bei unseren Gottesdiensten im Seniorenpflegeheim ist folgender Segensspruch besonders beliebt, weil er Kraft und Trost in Krankheit, Einsamkeit und Bedrängnis spendet:

Gott segne und behüte dich.
Er erfülle dich mit seiner Liebe.
Er sei in dir als Quelle, die nie versiegt.
Er sei unter dir als die Hand, die dich auffängt und hält.
Er sei über dir als ein schützendes Dach,
das alles Bedrohliche von dir abhält.
Gott, unser Vater und unsere Mutter, der Sohn und
der Heilige Geist. Amen.[20]

Gertrud Weidinger

Unter dem Segen leben

Segen – was kann das sein? Das ist zuallererst das Leben selbst, von Gott geschenkt. Die ganze Schöpfung, alles, was menschliches Leben ermöglicht, ist Segen. Wasser spendet Leben, die Sonne wärmt und erhellt Tag um Tag, die Erde trägt Pflanzen und Früchte als Nahrung für Mensch und Tier, die Luft durchweht alles Leben und lässt den Atem fließen. Und darum sind auch die Menschen als Geschöpfe Gottes von Beginn an gesegnet.

Vom ersten Segen, den Gott den Menschen geschenkt hat, können wir in der Schöpfungsgeschichte der Bibel lesen: »Und Gott schuf den Menschen zu seinem Bilde, zum Bilde Gottes schuf er ihn; und schuf sie als Mann und Frau. Und Gott segnete sie und sprach: Seid fruchtbar und mehret euch und füllet die Erde. (…) Und Gott sah alles an, was er gemacht hatte, und siehe, es war sehr gut« *(Gen 1,28; 1,31)*.

Der Schöpfungssegen gibt den Menschen die Zusicherung: Das Leben ist gut. Es ist gut, ein Mensch zu sein und Leben weiterzugeben. Gott hat dem Menschen alles, was er zum Leben braucht, geschenkt: Körper, Seele und Geist, Nahrung, Gedanken und Über-sich-Hinauswachsen. Gottes Schöpfung und deren Krone, der Mensch: Der erste Segen, die besondere Beziehung zwischen Gott und Mensch. Sie ist schon immer da und hat kein Ende.

Segen ist der unauslöschliche Zuspruch Gottes an den Menschen. Wer unter dem Segen Gottes lebt, ist sich des Zuspruchs Gottes bewusst. So kann er anderen Zuspruch geben und sein: Durch einfach Da-Sein, einen Blick, ein Wort, eine liebevolle Geste. Wer jemandem etwas Gutes zuspricht, kann segensreich wirken.

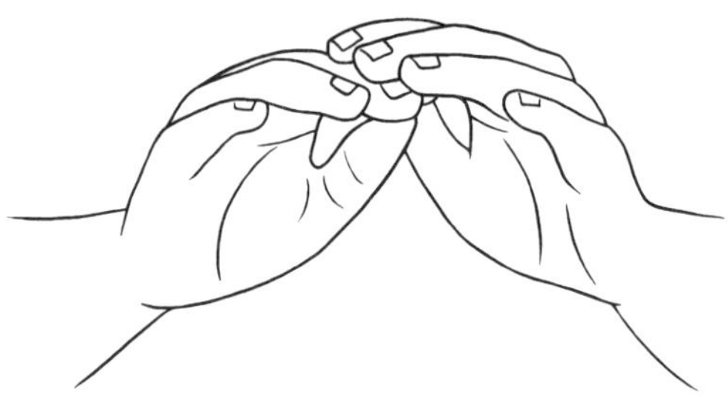

Gutes sagen und zusprechen, segnen heißt im Lateinischen *benedicere,* zusammengesetzt aus *bene* = gut und *dicere* = sagen. Segnen, Gutes sagen mit Gott, dem Schöpfer der Welt, im Namen Gottes.

Segen hat niemand nur für sich allein. Er gilt allen Menschen. So können Menschen füreinander Segen sein. Segen stellt immer eine doppelte Verbindung her: zu Gott und untereinander.

Gottes Segen umfasst Zeit und Ewigkeit, Anfang und Ende, jetzt und immer. Segen ist manchmal nicht offensichtlich und sofort erkennbar. Das Leben verläuft ja nicht dauernd gerade. Nicht alles gelingt. Im Schweren, im Schicksalhaften und Unabänderlichen, im Undurchschaubaren des Lebens kann dennoch ein verborgener Segen schlummern, einer, den man zunächst nicht erkennt. Da geht es um den Sinn des eigenen Lebenswegs. Ob auch auf traurigen und schwer erträglichen Zeiten ein Segen ruht, lässt sich oft erst im Nachhinein sagen. Doch gerade auch in schweren Situationen erleben Menschen den Segen Gottes als innere Kraft, die sie trägt. »Segen ist alles Gute, das Gott einem Menschen schenkt«, so hat es ein evangelischer Pfarrer einmal formuliert.

»Alles, was Gott uns gibt, ist gut und vollkommen«, lesen wir im Jakobusbrief *(Jak 1,17)*. Und weiter heißt es dort: »Er, der Vater des Lichts, ändert sich nicht; niemals wechseln bei ihm Licht und Finsternis.« Gott schenkt uns mit seinem Segen also nicht nur das Gute, sondern er ist dabei auch verlässlich. Sein Segen ist unwiderruflich und ohne Ende. So lässt sich die Umschreibung von Segen noch ausweiten: »Segen ist alles Gute, das Gott einem Menschen und allen Menschen schenkt: verlässlich, unwiderruflich und ohne Ende.«

Segen in Redewendungen

Der Begriff *Segen* begegnet uns im täglichen Leben in vielen Bedeutungen. Hier spiegelt sich die verdichtete Erfahrung der Menschen wider. Segen in der Bedeutung von Freude über etwas oder jemanden, von Fülle und Wohlergehen oder von Segen als Geschenk lässt sich erkennen in den Redewendungen: *Dieses Kind ist ein Segen für uns – Sich regen bringt Segen – Der Segen des Herrn macht reich – An Gottes Segen ist alles gelegen – Großer Reichtum hilft nicht, wenn nicht Gott den Segen spricht …*

Gern spricht man auch von Abendsegen, Morgensegen, Erntesegen, Geldsegen. Umgangssprachlich wird Segen aber auch gebraucht für eine allzu reichliche Gabe, die so nicht unbedingt erwünscht ist. Dazu folgende kleine Begebenheit: Als meine Mutter nach sieben Kindern wieder schwanger war, konnte sich meine Oma nicht mehr zurückhalten und kommentierte die Eröffnung, dass sie wieder Oma wird, mit erhobenen Händen und dem Ausspruch: »Ach, Herr, halt ein mit deinem Segen.«

Segen in Wünschen, Gesten und Ritualen

Ein paar Mal am Tag wünschen sich Menschen gegenseitig Gutes: Wenn sie sich begegnen, begrüßen, verabschieden, bei Glückwünschen zum Geburtstag oder wenn jemand krank ist: »Grüß Gott« – »Auf Wiedersehen und alles Gute« – »Komm gut nach Hause« – »Viel Kraft« – »Eine gute Zeit« – »Viel Glück« – »Gute Genesung«.

Manchmal ertappen wir uns dabei, dass wir solche Wünsche mitgeben und uns gar nicht sicher sind, ob das Gute, das wir da wünschen, auch wirklich nützt. Manchmal fragen wir uns: Wollen wir wirklich, dass sich der Segenswunsch so erfüllt?
Und manchmal haben wir den Eindruck, dass Wünsche, die uns übermittelt wurden, gar nicht ernst gemeint, sondern wie eine Floskel benutzt wurden. Solche Wünsche sind sofort verflogen.

Eine Begebenheit: Unser Auto stand im Halteverbot, während wir drei Tage zu Besuch bei meinem Bruder waren. Als wir zurückkamen, war das Auto weg, und wir mussten es teuer an der Autoaufbewahrung auslösen, weit außerhalb der Stadt. Als endlich alles geregelt war, verabschiedete sich der Beamte mit den Worten: »In diesem Fall sage ich besser nicht ›Auf Wiedersehen‹.«

Die Welt ist voller Segen, behauptet die Bibel. Doch dass wir gesegnet sind, können wir nicht an jedem Tag gleichermaßen empfinden. Manchmal brauchen wir dazu andere Menschen, die uns das zusprechen und zeigen. Wir brauchen Segensgesten und Segensrituale. Und deshalb ist es wichtig, dass die Zuwendung, Begleitung, Nähe Gottes auf diese Weise sichtbar, spürbar und hörbar wird. Ein Sich-in-die-Augen-Schauen, ein Lächeln, ein Händedruck, eine herzliche Umarmung. So lässt sich der Segen Gottes nicht nur innerlich, sondern auch äußerlich erfahren und betrifft jeden Einzelnen. Denn Segen drückt ja die Beziehung zwischen Gott und dem Menschen (und umgekehrt) und zwischen den Menschen aus. Diese Beziehung wird erlebbar durch das zugesprochene Wort, verstärkt durch eine Geste. Das ist wie eine doppelte Berührung: innen und außen. Dem Segen begegnen wir auch in vertrauten Ritualen, besonders bei großen Umbrüchen im Leben, z. B. bei der Taufe eines kleinen Kindes, bei der Kommunion, der Konfirmation und Firmung und bei der Hochzeit. Da feiern wir jeweils den Segen des Lebens und sprechen den Beteiligten Gottes Kraft zu. Auch das Ende des Lebens soll gesegnet sein im Begräbnisritual.

Segen im Lebensrückblick

Aussagen, die für sich sprechen:

- Ich bin so dankbar, und es ist so ein Segen, dass ich dank des Geschicks des Arztes nun wieder in die Ferne sehen und all die Gipfel erkennen kann. *(Wanderin auf einer Berghütte)*
- Ich empfinde es als einen Segen, dass ich mit Musik aufgewachsen bin und dass mir diese Musik jetzt im Alter so unendlich viel gibt. *(älterer Herr aus dem Laienorchester)*
- Die Ernte im Herbst ist für mich immer wie ein großer Segen. Ich habe gepflanzt und gehegt, und ich habe reiche Ernte bekommen. Das ist ein Segen, denn es ist nicht selbstverständlich. *(Bäuerin)*
- Dank Gottes Güte kann ich meinen 100. Geburtstag feiern. Voll großer Dankbarkeit möchte ich mit euch diesen Tag erleben. *(Einladungskarte meiner Mutter)*
- Als einen ganz besonderen Segen empfinde ich einfach andere Menschen, die da sind. Wir sind ja Beziehungswesen, und wir sind aufeinander angewiesen. Andere Menschen zu haben, von denen man weiß: Sie sind für einen da, man kann ihnen bedingungslos vertrauen. Das ist ein ganz großer Segen, ein ganz, ganz großes Geschenk. *(junge Frau nach einer Krise)*

Es gibt Lebenserfahrungen, die auf den ersten Blick überhaupt nicht segensreich sind, im Gegenteil. Oft werden sie als Fluch empfunden. Da ist kein Segen sichtbar. Aber manchmal zeigt sich der Sinn und Segen erst viel später. Wie folgendes Beispiel zeigt.

Eine segensreiche Geschichte?

Ein junges Paar in unserer Nachbarschaft bekam als erstes Kind einen schwerbehinderten Jungen. Der junge Vater war ein vielbeschäftigter, sehr auf sein Äußeres bedachter Manager. Schöne Autos, sein gestylter Körper und tolle Feste waren seine Sache. Auch die Frau war eine sehr angesehene, attraktive Geschäftsfrau. In den zehn Jahren, die das Kind nun alt ist, veränderten sich die Eltern ganz zu ihrem Vorteil. Sie

haben ihre Verantwortung übernommen und sich liebevoll und mit einem ganz neuen Blick um das Kind gekümmert. Das Äußere hat an Attraktivität verloren, es war nicht mehr wichtig. Darauf kommt es im Leben nicht an. Das haben sie erkannt. So ein Segen!
Das Schicksal hat einen Sinn bekommen. Der eigentliche Segen aber ist, dass diese Menschen nicht daran zerbrochen sind, dass sie nicht damit hadern. Und das ist eine segensvolle Lebenserfahrung.

Wir laden Sie, liebe Leserin, lieber Leser, dazu ein, diese Erfahrungen mit Ihren eigenen Lebenserfahrungen zu ergänzen.

Segen als heilschaffende Kraft zum Leben

»Gottes Segen ist wie der leise Grundrhythmus des Lebens. Manchmal höre ich ihn deutlich; manchmal übertönen ihn die lauten Klänge der hektischen Aktivität und der Ablenkung. Immer aber ist er da; wie mein Herzschlag, den ich auch nur selten bewusst wahrnehme.«[21]
Die Kraft des Segens ist nicht nur in den Überlieferungen aller Religionen bezeugt, sondern neuerdings auch durch die Wissenschaft bestätigt. Schon das wohlwollende Denken und Sprechen hat einen positiven Einfluss auf den anderen.

Segen gibt Kraft

Die Zusage des Segens brauchen wir besonders bei Umbrüchen und Veränderungen in unserem Leben. Ob es sich nun um den Abschluss der Kindergartenzeit und den Schuleintritt handelt, um eine Prüfung, um den Schulabschluss, den Eintritt in den Beruf, um einen Umzug, eine bevorstehende Operation, eine anstehende Entscheidung oder sonstige Veränderungen, der Segen spendet Kraft für den Übergang. Diese Segenskraft bedeutet nicht, dass uns nun nichts mehr passieren kann. Auch mit dem Segen bleibt das Leben verletzlich und zerbrechlich. Aber wer sich gesegnet weiß, kann anders damit umgehen: souveräner, gelassener, weil er sich behütet weiß.

Darum wird in vielen Gemeinden der persönliche Segen am Ende des Gottesdienstes geschenkt. Ein ganz besonderer Segensgottesdienst findet am ersten Schultag für die Schulanfänger statt. Sehr beliebt ist der Paarsegen am Valentinstag oder der Reisesegen zu Beginn der Ferienzeit. Da kommen am Ende des Gottesdiensts alle, die diesen Segen wollen, nach vorn – Einzelne, Familien oder Paare – und bekommen mit der Handauflegung Gottes Segen für ihre Wege zugesprochen. Auf die Wirkung dieses Segens angesprochen, erwiderte eine Frau: »Da geht man wirklich beschützt. Diese Reise, die tritt man ganz behütet an. Und das gibt einem Kraft.«

Segen tut der Seele gut

Wenn jemand sagt: »Wie schön, dass es dich gibt« oder: »Ich freue mich, wenn ich dich sehe«, dann merkt man sofort, wie sich Freude in einem breitmacht. Man spürt: Der andere meint es gut mit mir. Das richtet auf, lässt wachsen und tut rundum gut an Leib und Seele.

Segen wirkt ansteckend

Wer auf der Straße einfach so angelächelt wird, wird davon angesteckt und lächelt zurück. Und da breitet sich ein wunderschönes Gefühl aus: Man wird fröhlich, man hat für diesen Moment alles andere vergessen und lebt nur in diesem wunderbaren Augenblicksgefühl. Uns kommt das immer so vor, wenn in der S-Bahn ein kleines Kind sitzt, das uns anlächelt. Wir lächeln zurück und schon stehen wir in Beziehung zu diesem kleinen Wesen. Es hat uns angesteckt. Oft begleitet uns dieses Lächeln den ganzen Tag. Immer wenn wir daran denken, huscht ein Lächeln über unser Gesicht. Ganz einfach und ganz glücklich.

Segen stärkt und macht gelassener

Neulich erzählte eine Frau von ihrer alten, schwerkranken Mutter, die inzwischen verstorben ist, und wie anstrengend die Zeit der Pflege war. Am Schluss endete sie mit dem Satz: »Ich denke gern an die Zeit zurück.« Das hat uns verblüfft.

Sie erzählte weiter: »Diese Zeit war für mich unglaublich erfüllend, und ich habe gespürt, was man mit Gottes Segen alles schaffen kann. Ich hatte keine Angst, ich war gelassen und sicher, weil ich wusste, dass ich nicht tiefer als in die Hand Gottes fallen kann. Da lag der Segen auf meiner Mutter und mir, und so konnten wir gemeinsam diese Zeit schaffen.«

Segen berührt, heilt, verbindet mit Gott

Vor einiger Zeit wählte unser Pfarrer als Gottesdienst- und Predigtthema *Segen* aus. Es war ein sehr berührender Gottesdienst, der darin gipfelte, dass am Ende der Predigt jeder und jede Einzelne mit seinem bzw. ihrem persönlichen Segenswunsch nach vorn gehen konnte und gesegnet wurde. Was mich dabei so sehr berührt hat, war die Nähe Gottes, die ich dabei empfand. Es war ein unbeschreiblicher Zustand. Weit weg von allem und doch im Hier und Jetzt, das Gespür völliger Ganzheit und tiefen Glücks. Der Segen hat mich völlig umfangen, und meine Tränen hatten freien Lauf.

Christliche Segensgesten und -rituale

Beim ersten Licht der Sonne heute –
sei gesegnet!
Wenn der lange Tag gegangen ist –
sei gesegnet!
In deinem Lächeln, in deinen Tränen –
sei gesegnet!
An jedem Tag deines Lebens –
sei gesegnet!

Altirischer Segenswunsch

Jeder Mensch kann Gott um Gutes bitten, für sich selbst und für einen anderen Menschen.

Segen für sich selbst erbitten

Ich wünsche mir, dass ich unter dem Schutz Gottes stehe. Ich wünsche mir, dass ich seine Güte erfahre. Bei diesem Gedanken bezeichnen sich viele Christen mit dem umfassendsten Symbol der Christen, mit dem Kreuzzeichen, manchmal auch mit Kreuzzeichen und Weihwasser, dem Zeichen zur Erinnerung an die Taufe. Mit dem Zeichen des Kreuzes verbinden sie auch den Wunsch: Das Gute Gottes soll mich ganz umfassen und erfassen; oben und unten, links und rechts, von allen Seiten. Manche bezeichnen sich deshalb mit drei kleinen Kreuzen: Eines auf die Stirn, eines auf den Mund und eines auf das Brustbein, die Herzgegend. Das Gute Gottes soll mich erfassen im Denken, Reden und Fühlen.

Darüber hinaus bringt der Segensgruß oder das Segensritual zum Ausdruck:

- Ich nehme mich wahr, ich bin mir jetzt in diesem Moment wichtig, es soll mir guttun.
- Ich spreche mir das Gute Gottes zu.
- Ich will etwas Heiles in mein Leben bringen, ein Stück zum Ganzwerden, zum Wohlbefinden, zum Gelingen meines Lebens.

Auch Martin Luther hat sich zum Thema Segen geäußert und empfohlen, einen Morgen- bzw. Abendsegen zu sprechen: »Des Morgens, so du aus dem Bette fährest, sollst du dich mit dem heiligen Kreuz segnen und sagen: Das walte Gott …« Damit wollte er ausdrücken, dass es heilsam ist, sich mit dem Kreuz zu bezeichnen (lateinisch *signare* = *bezeichnen*). Wer sich das Zeichen des Kreuzes auf Brust oder Stirn zeichnet, stellt sich in den Raum Gottes, stellt sich unter seinen Schutz.

Einander segnen

Einen anderen Menschen segnen heißt:

- Ich nehme dich wahr, du bist mir jetzt in diesem Moment wichtig, es soll dir guttun.
- Ich spreche dir das Gute Gottes zu.

Und es bedeutet in der Tiefe:

- Ich wünsche dir, dass du unter dem Schutz Gottes stehst. Ich wünsche dir, dass du seine Güte erfährst.

Andere segnen geht manchmal ganz einfach und kann sehr oft am Tag passieren, zum Beispiel über einen bewusst ausgesprochenen Gruß (→ Kapitel *Der Gruß und die Begrüßung,* Seite 56 ff.). Mit einem Gruß oder Wunsch in Worten segnen beim Ankommen und beim Gehen: Wer bewusst solche Grußformeln verwendet, sagt einem anderen Gutes von Gott zu, er stellt ihn unter seinen verlässlichen Schutz, und damit segnet er ihn. Wer so segnet, spricht dem Gegenüber Heilung, ein Stück Ganzwerden zu.

Mit Gesten segnen

Segensrituale bestehen sowohl in der evangelischen als auch in der katholischen Kirche immer aus zwei Teilen: einem Zuspruch und einer Geste. Am Ende des Gottesdienstes segnet der Pfarrer die Gemeinde mit ausgebreiteten, erhobenen Armen und spricht dabei die Segensworte. Bei der katholischen Tauffeier spricht der Priester nach den Fürbitten ein Gebet um Bewahrung vor dem Bösen. Dabei breitet er beide Hände über den Täufling aus. In dieser Geste kommt der Schutz Gottes zeichenhaft zum Ausdruck: Gott wendet sich diesem Menschen zu und hält seine schützende Hand über dieses ganze Menschenleben. Vielfach wird die gleiche Geste auch bei der katholischen Trauung zum abschließenden Trauungssegen verwendet.

Mit Berührung segnen

Segnen mit Berührung meint immer eine »Ich-bin-dir-nahe-Berührung«. Sichtbar, hörbar, spürbar, mit den Sinnen erfahrbar durch den Körper.

- **Die Hand:** Sie bezeichnet den Körperteil, der mit Arbeit verbunden ist, der Emotionen nach außen zeigen kann mit Streicheln genauso wie mit Schlagen, der Teil, der gibt und nimmt, austeilt und empfängt, der umarmen, umfangen und abstoßen kann, der als *Spiegel der Seele* bezeichnet wird, mit dem wir etwas schaffen, erschaffen, kreieren und ihm sichtbare Gestalt geben können.

- **Handauflegen auf den Kopf:** Der Kopf als der Körperteil, der den Menschen hervorhebt, der höchste Teil des Körpers, dem Himmel am nächsten, der Teil, der den Menschen zur Krone der Schöpfung werden ließ, wo Gedanken, Fühlen und Denken beheimatet sind (auch die Stirn als Sinnbild für Denken und die Lippen als Sinnbild fürs Sprechen), der Teil, wo bewusst Stellung bezogen werden kann, auch zu Unabänderlichem.
- **Handauflegen auf die Schulter:** Die Schulter ist der Teil des Körpers, von dem aus eine Bewegung nach rechts und links ausgehen kann, wo der Körper sich seitlich streckt, ausdehnt und die größte Spannweite entfaltet. Es ist die Stelle, mit der wir z. B. den Rucksack bei einer Wanderung tragen, mit der der Müller seinen Mehlsack schleppt oder der Maurer den Zementsack, mit dem die Sherpas an einem Schultertragholz das Gepäck der Touristen in die Berge befördern. Im übertragenen Sinn sind die Schultern auch verbunden mit dem Tragen des Schweren, des Schicksals, dessen, was schwer auf die Schultern drückt im Unterwegssein durch das Leben.
- **Sich selbst die Hand auf Brust oder Herz legen:** Das ist der Teil des Körpers, der das Herz, das Herzstück des Körpers, beschützt, der anzeigt, wenn wir verletzt oder gedemütigt werden, an den wir uns klopfen, wenn wir Schuld bekennen (im katholischen Gottesdienst wird das manchmal beim Schuldenbekenntnis praktiziert), der Teil, der Emotionalität, Verstand, Kreativität und Wollen verbindet, der Beziehungen deutlich macht, wenn wir etwas mit ganzem Herzen tun, wenn uns etwas zu Herzen geht oder wir uns etwas zu Herzen nehmen, der Teil, der unser Motor, unser Antrieb ist – lebenslang. Hier zeigt sich ganz deutlich, dass Segnungen, *Ich-bin-dir-nahe-Berührungen,* unser Innerstes, unser Wertesystem und unsere inneren Maßstäbe berühren.

Segnend die Hand berühren oder halten

Wenn Menschen sich gegenseitig segnen, geschieht das oft über die Berührung der Hände. Sie nehmen sich dabei an ihrer Hand (oder an beiden Händen) und sprechen sich im Namen Gottes Gutes zu. Bei älteren Menschen oder im Krankenhaus, im Pflegeheim ist die Berührung der Hand manchmal das Einzige, was Menschen noch erreicht. Der Ehemann ergreift die Hände seiner dementen Frau, hält sie in seinen Händen, drückt sie und segnet sie.

Eine besondere Berührung findet während der katholischen Tauffeier statt: Nach der Taufhandlung berührt der Priester das Kind auf dem Kopf (am Scheitel) und salbt den Täufling mit Chrisam, dem heiligen Öl.

Einander die rechte Hand zu reichen, lautet die Aufforderung beim katholischen Trauritus. Beide Hände werden dann mit der Stola des Priesters oder Diakons umwunden, während ein Gebet dazu gesprochen wird. Viele Christen falten beim Beten ihre Hände oder fassen sich bei einer Gebetsgemeinschaft alle an den Händen.

In vielen Religionen ist die Handauflegung eine rituelle Geste der Übertragung von Segen oder auch Vollmacht. Handauflegung symbolisiert, dass der Gesegnete unter der guten Hand Gottes steht, dass er angerührt ist von Gott. Diese Geste bekräftigt auch, dass Gottes Kraft jedem direkt auf den Kopf zugesprochen wird. Besonders in der evangelischen Kirche ist die gebräuchlichste Art zu segnen die Handauflegung oder die Hände über den Kopf zu halten.

Wird ein Prädikant oder eine Prädikantin in sein oder ihr Amt eingeführt, kann er bzw. sie sich vor den Altar knien, dann wird er oder sie mit Auflegen der Hand unter Gottes Segen gestellt. Auch Pfarrer werden bei ihrer Ordination so gesegnet.

Ebenso wird der Segen erteilt, wenn Menschen für ihren Dienst in der Gemeinde, z. B. als Chorleiterin, gesegnet werden, wenn Paare ihre goldene Hochzeit feiern, wenn Paare beim Valentinsgottesdienst für ihren weiteren Weg gesegnet werden, wenn Menschen einen Segen für eine bevorstehende Reise, einen Auslandsaufenthalt oder eine besondere Herausforderung brauchen … In der katholischen Tradition ist die Handauflegung oder Hände über den Kopf halten ein wichtiger Segnungsakt bei der Priesterweihe.

Allumfassend segnen und gesegnet werden

In der Umarmung, die dem ganzen Körper und auch der Seele und dem Geist gilt: die Wirbelsäule, die den Körper trägt und den aufrechten Gang des Menschen ermöglicht, die oben und unten, rechts und links zusammenhält (umgangssprachlich auch als *Kreuz* bezeichnet, was als Sinnbild für Allesumfassend, *all in one,* Zugehörigkeit steht). Eine Umarmung bezieht Muskeln, Knochen, Haut sowie Organe mit ein, alles, was der Körper beherbergt, hält und schützt.
Die Eltern halten ihr neugeborenes Kind in den Armen, umfassen es ganz und gar und segnen es. Sie stellen es unter den Schutz Gottes und sprechen ihm alles Gute von Gott zu. In der Taufe wird dies dann für christliche Eltern mit dem Sakrament besiegelt.
Beim Weggehen eines lieben Menschen segnen sich die beiden mit einer Umarmung.
Unter anderem in arabischen Ländern begrüßen die Menschen einander mit einer Umarmung und dem gegenseitigen Segen und Wunsch nach Frieden. Ähnliches passiert im katholischen Gottesdienst beim Friedensgruß. »Der Friede sei mit dir«, heißt der Segensgruß und wird mit einer Umarmung oder einem Händedruck zu den Nachbarn rechts und links, vorne und hinten bekräftigt.
Die Umarmung ist auch gebräuchlich als Willkommensgeste und gemäß dem Wunsch nach einer segensreichen Begegnung.

Segen mit anderen Zeichen

- Eine Salbung mit Chrisam wird, wie schon erwähnt, im katholischen Taufritus praktiziert. Der Priester oder Diakon vollzieht diese Handlung, indem er seinen Daumen in das Salböl taucht und auf die Stirn des Täuflings drückt. Das ist eine liebevolle Berührung, die ausdrückt, dass der Gesalbte nun König, Priester und

Prophet mit unantastbarer Würde ist und der Segen Gottes auf ihm ruht. Auch beim Sakrament der Firmung wird in der katholischen Kirche heiliges Öl verwendet, ebenso wie u. a. bei der Priester-, Bischofs- oder Altarweihe.

- Mit Weihwasser zu segnen ist ebenfalls ein Ritus der katholischen Taufe. Das Kind wird mit geweihtem Wasser übergossen und damit ein neuer Mensch, offen für das Neue, das Gott in diesem Kind wirken möchte.
- Bekreuzigen: Kurz vor dem Einschlafen zeichnen manche Eltern dem Kind ein Kreuzchen auf die Stirn und begeben es so in die Obhut Gottes. Oft zeichnen Christen einander auch ein Kreuz in die Handflächen oder auf die Stirn: Gott bewahre und stärke dich, er begleite dich.

Während der katholischen Tauffeier, vor der eigentlichen Taufspendung, zeichnet der Pfarrer bzw. Priester oder Diakon ein Kreuz auf die Stirn. Danach tun dies auch die Eltern, Paten und anwesenden Gäste.

Liegt ein Mensch im Sterben, zeichnen die Angehörigen dem Sterbenden ein Kreuz auf die Stirn: »Gott segne dich für deine Reise.« In unserer Gemeinde ist es üblich, in der Osternacht ein Kreuzzeichen mit Wasser in die Handfläche oder auf die Stirn zu bekommen als Erinnerungszeichen an die Taufe. Auch der Reisesegen in der katholischen Kirche wird besiegelt mit einem Kreuz auf die Stirn. Wer um Segen bittet, kniet sich häufig auf eine Altarstufe oder verneigt sich. In katholischen Familien war es üblich, dem Schulkind ein Kreuzchen mit Weihwasser auf die Stirn zu geben und es dann in Gottes Namen auf den Schulweg zu schicken. »Der Herr behüte deinen Ausgang und Eingang von nun an bis in Ewigkeit« *(Psalm 121,8)*.

Dem Segen vertrauen und verwandelt werden

Segen empfangen bedeutet, gestärkt zu werden für das Leben und bei Herausforderungen. Es bedeutet, bewahrt zu werden vor dem Bösen, Mut für etwas Neues zu bekommen, die verwandelnde Kraft zu spüren. Wer im Vertrauen auf den Segen Gottes lebt, wird davon verändert. Wer dem Segen Gottes vertraut, nimmt den Segen als Geschenk wahr und wird aufmerksamer für den Reichtum des Lebens. Er wird dankbar dafür. Das ist seine Antwort auf den Segen Gottes, der einfach so für ihn da ist. Und in der Begegnung mit anderen Menschen vermehrt sich der Segen, breitet er sich aus – wenn er weitergegeben wird als Geschenk Gottes an seine Geschöpfe.

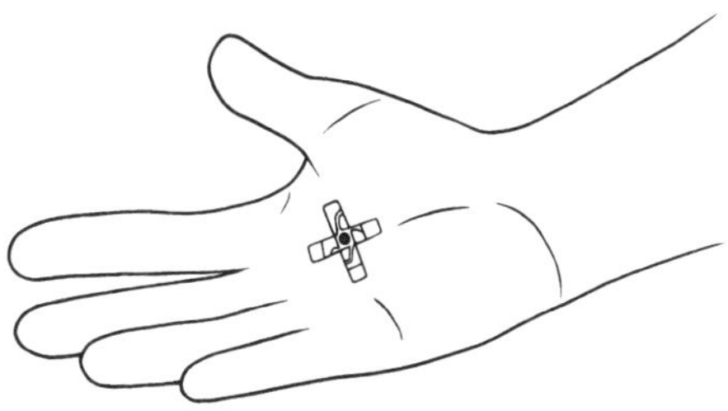

Biblische Segenshandlungen und Riten

Dass Menschen einander segnen, ist schon im Alten Testament nachzulesen. Der sogenannte *aaronitische Segen* ist dort verankert. Er ist der älteste überlieferte Segensspruch der Bibel, der durch Quellen aus dem 7. Jahrhundert vor Christus bezeugt ist. In diesem Segen verspricht Gott einmal mehr, dass er für uns da ist, und zwar nicht in Form einer mysteriösen Zauberformel, sondern in einer Beziehung auf Augenhöhe, von Du zu Du. Dem eigentlichen *aaronitischen Segen* voran geht eine Sequenz, die zum Verständnis der ganzen Szenerie wichtig ist. Dort heißt es im Buch *Numeri 6,22f.:* »Der Herr sprach zu Mose: Sag zu Aaron und seinen Söhnen: So sollt ihr die Israeliten segnen …«[22] Hier zeigt sich, dass Gott selbst es ist, der diese Worte an Mose richtet, d.h. die folgenden Worte stammen von Gott. Segen geht also von Gott aus. Und gleichzeitig ist damit ein Auftrag an Mose und Aaron inkludiert: Gebt den empfangenen Segen weiter! »… sprecht zu ihnen: Der Herr segne dich und behüte dich. Der Herr lasse sein Angesicht leuchten über dir und sei dir gnädig. Der Herr hebe sein Angesicht über dich und gebe dir Frieden« *(Num 6,24–27)*.

Wir finden es sehr schön, dass in den drei Segenswünschen im Buch Numeri jeder Einzelne persönlich angesprochen wird. Die Sätze sind mit *du* formuliert. Der Segen Gottes, seine Güte, sein Wohlwollen und seine Zuwendung sind auf *dich* gerichtet. Er wendet sein Angesicht *dir* zu, *dir* ganz persönlich. Er sieht *dich,* schaut *dich* an, begleitet *dich.* Gott tut dir Gutes (segnen) und hält Böses von dir fern (behüten).

Impuls

Schreiben Sie doch einfach einmal auf, wie viel Gutes Sie in Ihrem Leben schon erfahren haben und wie die Erfahrung des *Behütetseins* in Ihrem Leben zum Vorschein kam!

Der zweite Segenswunsch spricht vom leuchtenden Angesicht und von Gnade. Gottes Angesicht leuchtet über dir, es strahlt dich an. Wir stellen uns vor, als sei es eine Mutter, die sich liebevoll und mit strahlenden Augen über ihr Kind bückt und sagt: »Du bist mein geliebtes Kind!« So sagt es auch Gott in diesem Segenswunsch: »Du bist mein geliebtes Kind!« Und Gott lässt Gnade walten. Das ist die verzeihende Güte Gottes; denn Gott weiß, wie es ist, ein Mensch zu sein. Gott weiß um Ungutes und Unrecht, um Verfehlungen und Verletzungen, Versäumnisse und Verwirrungen. Er kennt Schmerz, Zweifel und Leid. Und er beugt sich zu uns herab, er bückt sich (das ist die Grundbedeutung im Hebräischen für das Wort Gnade) und nimmt all dies von uns an.

Auch im dritten Segensspruch geht es um das Angesicht und dann um Frieden. Gott hebt sein Angesicht über dich, er wendet sein offenes Gesicht dir zu. Darin zeigt er seine Liebe offen. Er verbirgt sie nicht vor dir. *Schalom,* das hebräische Wort für *Frieden,* bedeutet nicht nur die Abwesenheit von Krieg, sondern einen Zustand allgemeinen Wohlergehens und des Heils. Im Schalom geht es den Menschen in der Beziehung untereinander und in der Beziehung zu Gott gut.

Bis heute nimmt der *aaronitische Segen* eine wichtige Stellung bei der häuslichen jüdischen Sabbatfeier ein. Er wird vom Hausvater über jedes Kind gesprochen. Stehend, den Betenden zugewandt, mit aus-

gebreiteten Armen wird er im jüdischen Gottesdienst vom Vorsteher gesprochen.
In den christlichen Gottesdiensten endet die Feier meistens mit diesem Segensspruch. Auch hier hebt die Pfarrerin oder der Pfarrer die Arme als uralte Geste, die symbolisch die bewusste Zuwendung zu Gott zeigt und gleichzeitig alle Anwesenden miteinschließt, und spricht diesen Segen. Diese Zusage über den Segen darf in keinem Gottesdienst fehlen. Für viele Christen bedeutet sie das Wichtigste des Gottesdienstes.

Kerngedanken der Heilkraft

- Heilkraft ist etwas Prozesshaftes, sie bedeutet Geduld haben, sie ist etwas ganz Persönliches – das ist meine Verantwortung, nur ich kann das tun – Heilkraft ist etwas Gestaltbares, Veränderungen sind inbegriffen: Ich kann meine Form, meinen Weg dahin anpassen. Sie ist etwas Unerschöpfliches. Man muss keine Angst vor Überstrapazieren haben. Es gibt unerschöpfliche Entdeckungsmöglichkeiten und etwas Zeitloses. Man braucht keine Bedenken wegen eines möglichen Verfallsdatums haben: Heilkraft ist und bleibt.
- Heilsame Kräfte können sich dort entwickeln, wo Menschen nicht stecken bleiben in ihrer Lähmung durch Schicksal, Leid und Unrecht, sondern aufbrechen – oft mithilfe anderer Menschen – und sich aus Erstarrung lösen. Heilkraft wirkt da, wo Erstarrtes wieder in Bewegung kommt.
- Heilsame Kräfte entfalten sich, wo sie zugelassen werden. Wer sich von seiner Lähmung nicht lösen will, wer resigniert, keine Verantwortung übernimmt, lässt heilende Kräfte nicht an sich heran.
- Segen als heilschaffende Kraft zum Leben kann sich für Menschen entfalten, die sich verwandeln lassen, nicht im Jetzt- und So-Sein verhaftet bleiben wollen. Für Menschen, die mutig, vertrauend und aufbruchsbereit sind.

- Segen als heilschaffende Kraft zum Leben kann sich für Menschen auftun, die sich Segen schenken, ihn passieren, ereignen lassen.
- Die Heilkraft des Segens verwandelt. Menschen können sich verwandeln und können verwandelt werden in einen anderen Zustand, in ein anderes, verändertes, heileres Jetzt: Ein anderer Gedanke greift Raum, eine andere emotionale Stimmung breitet sich aus, leichter, erleichtert, getröstet, ermutigt dem Neuen entgegengehend.
- Jesus verwandelt den Menschen auf dem Weg, auf dem er sich den Menschen zeigt: Gott begegnet uns im anderen, und so können wir Segen empfangen durch andere und Segen sein für andere.
- Segen ist eine *Ja-da-Berührung.* Das hebräische Wort *Jada* bedeutet einen inneren Erkenntnisvorgang und einen Wissenszuwachs mit dem Herzensorgan. Emotion, geistige Kraft, Erkennen, Willen, Vernunft und Verstand sind in diesem einen Wort zusammengeschlossen. Ein solch tiefes, breites, umfassendes Erkennen ist also mit den Kräften des Herzens verbunden. Segen meint dieses *Ja-da.* Und das ist ausgerichtet auf eine praktische Lebensführung: Der Gesegnete denkt, versteht, erkennt und fühlt mit dem Herzen.
- Segen ist auch eine *Ich-bin-dir-nahe-Berührung.* Sichtbar, hörbar, spürbar, mit den Sinnen erfahrbar durch den Körper: Am Kopf, an der Schulter, an der Brust, mit der Hand, mit dem ganzen Körper, verbunden mit einer Ermutigung aus der Bibel.

Erprobte Übungen zum Thema Segen und Segnen finden Sie auch in unserem Kompakt-Ratgeber »Achtsamkeit für jeden Tag«.

ÜBER DIE SINNE ZUM SINN

Wie bereits erwähnt, wollen wir den Heilkräften für unser Leben auf die Spur kommen im Alltag, zu bestimmten Zeiten, in Höhen und Tiefen des Lebens, in bestimmten Situationen und Erlebnissen, in unterschiedlichen Gefühlswelten, in Freud und Leid, im Zusammenspiel mit Ritualen und Symbolen des Alltagslebens und Christentums. Wir gehen dabei den Weg über die Sinne, über all das, was von außen auf uns zukommt und von unseren menschlichen Sinnen wahrgenommen wird.

Unsere Lebensgrundlage, also die vier Elemente, nehmen wir über unsere Sinne wahr, über Hören, Sehen, Tasten, Berühren, Fühlen, Riechen und Schmecken. Auch Situationen, Ereignisse, Erlebnisse gehen diesen Weg. Im täglichen Leben geschieht das ganz oft: Wir nehmen eine Situation über unsere Sinne äußerlich wahr, versuchen sie einzuordnen und zu verstehen, können mit dieser Situation umgehen, d. h. sie gestalten. Auf diese Weise erkennen wir einen Sinn. Der Weg geht also über Verstehen, Gestalten, Sinn erkennen. Dort, wo sich ein Sinn findet, werden wir heil und ganz, dort wirken Heilkräfte.

Über die Sinne zum Sinn, diesen Weg gehen wir konkret mit den Lebenselementen Wasser und Feuer und Licht an, weil sie in christlichen Feiern eine herausragende Rolle spielen. Auch Pflanzen und Bäume, welche die vier Elemente als Lebensgrundlage brauchen, beschäftigen uns, besonders Weihrauch und Öl als die beiden Symbole, die in der Liturgie Verwendung finden.

Des Weiteren interessiert uns, was durch die Kreativität des Menschen im Zusammenspiel mit Gottes Schöpfung entstand. Hier denken wir im Besonderen an Brot und Wein.

Ein Korb voller Heilkräfte: Natur und Urelemente, die Leben ermöglichen

»Der beste Arzt ist die Natur, denn sie heilt nicht nur viele Leiden, sondern spricht auch nie schlecht von einem Kollegen.«

Ernst F. Sauerbruch

»Die Natur ist die beste Apotheke.«

Sebastian Kneipp

Die Natur und ihre Heilkräfte

»Die Seele spricht die Sprache der Natur. Die Außenwelt, die ursprüngliche Natur, lässt dich erkennen, was in dir ist.« Diesen Satz haben wir vor einiger Zeit in einem Radiobeitrag gehört.

Ursprüngliche Natur erfahren und erleben wirkt tief, spricht den ganzen Körper, Geist und Seele an. Die Landschaft der Seele kann sich im Spiegel der Natur formen und entwickeln. Die Vielfalt in der Natur spiegelt das komplexe Wesen Mensch und das Leben wider. Jedes tote Holz erzählt von Vergehen und Werden, jeder Schmetterling von Verwandlung, jeder Sonnenaufgang von neuer Hoffnung, jede Blüte von der Sehnsucht nach Wertschätzung und Liebe. Die Weisheit der Natur verweist uns Menschen auf unseren Ursprung, bindet uns zurück an etwas Höheres. Wir Christen meinen damit die Rückbindung an den Schöpfer Gott. *Religio* ist das lateinische Wort für Rückbindung, das ist unsere *Religion.* Steckt in der ursprünglichen Natur und der Sehnsucht des Menschen danach auch ein Stück Sehnsucht nach Gott? Eine religiöse Sehnsucht?

Vielleicht auch deshalb, weil sich hier, in der ursprünglichen Natur, Tod und Leben aufs Engste verbinden. Hier können wir erleben, wie Neues wird, weil etwas Altes stirbt.

Der Tod ist in der Natur Teil des Lebensflusses. Zu erleben, wie ein Baummarder ein Eichhörnchen oder einen Vogel erlegt und frisst, macht deutlich, dass das Eichhörnchen sein Leben für den Marder gibt. Und eines Tages wird der Marder auch sterben und dann Kleingetier und Käfer nähren. Das ist der Kreislauf der Natur. Auch wir werden Teil dieses Lebensflusses und werden unser Leben weitergeben. Die Natur zeigt uns einen Weg, den Kreislauf des Lebens zu akzeptieren: Der Tod ist ein Teil des Lebenskreislaufes. In der Natur können wir mit diesem Schöpfer Gott und der Rückbindung an ihn im Reinen, im *Grünen* (so wurde es in o. g. Radiosendung bezeichnet) sein und leben.

Auch in uns heutigen Menschen steckt die Ursehnsucht nach Natur. Wir haben uns mit ihr und in ihr entwickelt, haben unsere Lebensgrundlage und unseren Lebensraum darin geschaffen und ausgeweitet. Viele Menschen suchen der Heilkraft der Natur wieder auf die Spur zu kommen, wenn sie z. B. vom *Heilraum Wald* sprechen, wenn sie bei Selbsterfahrungskursen tagelang allein durch die Natur wandern und sich von deren Geschenken ernähren, wenn sie Nächte unter dem freien Himmel verbringen und genießen, wenn sie sich den Naturgewalten aussetzen beim Segeln oder Surfen. »Zurück zur Natur«, dieser Ausspruch von Jean-Jacques Rousseau bezeichnet inzwischen nicht nur die Lebensweise und Sehnsucht vieler Menschen, er ist auch verkaufsträchtig (siehe Verkaufsplattformen mit dieser Bezeichnung).

Wasser, der Quell des Lebens

»Wasser allein macht stumm.«

Johann Wolfgang v. Goethe

Wir empfehlen Ihnen folgende persönliche Einstimmung: Schließen Sie Ihre Augen, damit Erinnerungen an Ihre persönlichen Erlebnisse mit Wasser wach werden können …

- vom Urlaub am Meer, von neuer Lebenskraft und neuem Lebensmut.
- von Paddelbootfahrten auf einem Fluss zur Stärkung der Muskeln.
- von der Angst zu kentern.

Gehen Sie dann in Gedanken den gestrigen Tag durch, und überlegen Sie sich: Wann und wie bin ich mit Wasser in Berührung gekommen? Bevor Sie jetzt weiterlesen, können Sie sich erst ein Glas kühles, klares Wasser holen und ganz bewusst den ersten Schluck genießen und achtsam mit allen Sinnen erspüren, wie Ihr Mund, Ihr Hals, Ihr Magen reagieren: Was spüre ich? Tut es mir gut oder signalisiert mein Körper Abwehr? War das Wasser vielleicht zu kalt? Oder gerade deshalb so gut? Dann können Sie sich dem folgenden Gedicht zuwenden, das in unserer »Werkstatt« für einen Fotokalender entstanden ist.

WASSER

Nimm alles Wasser weg
von unserer Erde
und sie wird
kahl und unbewohnbar
wie der Mond.

Kein Baum,
kein Blatt,
kein Fluss,
kein Meer,
kein Schnee,
kein Eis,
kein Tier,
kein Mensch.

Nimm das Wasser weg
was bleibt
ist eine Wüste.
Ein kleiner Regen –
und die Wüste grünt!

Wasser heißt Leben.

Gertrud Weidinger

Wasser im täglichen Leben

Die chemische Formel für Wasser kennt jeder: H_2O. Es entsteht aus dem häufigsten und dem dritthäufigsten Element des Universums, nämlich Wasserstoff und Sauerstoff, im Verhältnis 2:1. Wasser ist als Flüssigkeit durchsichtig, weitgehend farb-, geruchs- und geschmacklos. Wir trinken Wasser, wir waschen uns mit Wasser, und wir können im Wasser schwimmen. Ganz selbstverständlich. Es fällt vom Himmel, läuft aus dem Wasserhahn, ist stets verfügbar in unseren Breiten. Erst wenn wir durch irgendwelche Umstände ohne Wasser den Alltag bestreiten müssen, spüren wir die elementare Lücke. Dann erleben wir, dass uns das wichtigste Lebenselixier fehlt, dann erahnen wir, was passiert, wenn die Wasser-Ressourcen auf dieser Erde abnehmen und zunehmend umkämpft sein werden. Was macht Wasser zu etwas so Besonderem?

Vielleicht dass es so viele Gesichter hat? In Kristallen als Schnee und Eis, als Wasser in Flüssigform, gasförmig als Wasserdampf. Oder denken wir an die allseits bekannte Vier-Grad-Anomalie des Wassers (es gibt noch eine Menge weiterer Anomalien), an den ungewöhnlich hohen Siedepunkt, an die Wärmespeicherfähigkeit, daran, dass Wasser trägt, fließt, dass Wasser Zucker und Salz löst, in kristalliner Form Gestein sprengen kann.

Das Wasser auf der Erde ist immer unterwegs in einem ewigen Kreislauf zwischen Meer, Land und Luft, angetrieben von der Sonne. In diesem Kreislauf geht kein Tropfen Wasser verloren. Und vor allem: Wasser macht, was es will.

Tagtäglich begegnen wir diesem Element. Sei es als Lebensspender oder als zerstörendes Element. Gefahr und Segen sind nur getrennt durch die Menge oder die Beschaffenheit und den Zustand des Wassers. Hochwasser, Überschwemmung, Sturmflut und Tsunami hinterlassen Zerstörung und Chaos, kosten Leben. Wasser kann eine solche Gewalt entwickeln, dass es für Schwimmer, Segler oder Surfer zur Lebensgefahr werden kann. Wasser in Bewegung zieht mit, wirft um, verschlingt, raubt. Auch in kristalliner Form ist es oft lebensbedrohlich als Schneesturm, Glatteis, Eisregen und Hagel.

Wasser für den Körper

Für den Körper ist Wasser lebensnotwendig; denn er besteht zu 70 Prozent daraus. Wasser braucht der Körper für den Blutkreislauf, die Regulierung der Körpertemperatur, die Stoffspaltung, als Lösungsmittel und für Zellen und Gewebe.

Im Wasser steckt noch viel mehr

Ein Segen, wenn es uns begegnet im Leben spendenden Süßwasser als Quelle, Brunnen, Bach, Teich, Tümpel, See, Fluss, Wasserfall, als Tau, Niesel, Regen, als lang ersehnter Schnee, im Schneegletscher oder in dem ewigen Eis am Nord- und Südpol, auch im Salzwasser der Meere.

Welch ein Segen, dass Pflanzen bewässert werden können. Das garantiert Wachstum und Fruchtbarkeit. Es reinigt die Luft, Mensch und Vieh, es verschafft den Menschen viel Freude in der Freizeit beim Baden und Schwimmen, es liefert Energie in Wasserkraftwerken und ist Grundlage für die Schifffahrt.
Wasser ist das Lebenselixier, der Energiespender schlechthin; denn es belebt, bringt Lebensgeister zurück.

EIN PERSÖNLICHES ERLEBNIS

Wir hatten einem Freund zu seinem runden Geburtstag eine Wanderung von Ochsenfurt nach Rothenburg ob der Tauber geschenkt – auf den Spuren Tilman Riemenschneiders, des durch seine exzellenten Schnitzarbeiten berühmt gewordenen fränkischen Künstlers und Politikers. Er war in den Wirren des Bauernkriegs auch Bürgermeister der Stadt Würzburg. An den täglichen Zielpunkten wartete immer ein Meisterwerk von ihm auf uns. Das erhöhte unsere Wanderfreude durch den bevorstehenden Kunstgenuss. Gern liefen wir an Bächen oder Flüsschen wie der Tauber entlang. Aber trinken konnten wir das Wasser nicht. Das brachte uns an zwei Tagen in große Bedrängnis; denn in den Orten, die wir anliefen, fanden wir zwar noch Gaststätten, aber unter der Woche blieben sie geschlossen. Und wir hatten in der Mittagssommerhitze fürchterlichen Durst.
Einmal öffnete uns ein Bäcker und holte uns aus seinem privaten Kühlschrank zwei Flaschen Mineralwasser. Wir konnten unser Glück kaum fassen. Später am Tag wiederholte sich unser Schicksal 20 Kilometer weiter. Eine geschlossene Gaststätte! Kein Mensch auf der Straße! Wir saßen am Rand und warteten. Ein Bus kam an. Eine Frau stieg aus und steuerte genau auf das Haus zu, vor dem wir saßen. Sie erfasste sofort unsere Lage. Wir durften mitkommen und erhielten wieder zwei Flaschen Mineralwasser – es

schmeckte unbeschreiblich gut! Unbezahlbar! Die gute Frau wollte auch kein Geld. Sie hatte einen anderen Vorschlag: »Ich helfe euch gern aus der Klemme. Ich kann euch unmöglich verdursten lassen. Wenn ihr in die nächste Riemenschneider-Kirche kommt, dann werft ein paar Münzen in den Opferstock!«
Wir bedankten uns und hielten Wort.

Norbert Weidinger

Heilsame Kräfte – Wasser als Therapeutikum

Fällt Ihnen dazu auch sofort der gute Pfarrer Kneipp und seine Wasserkur ein? An ihm kommt man nicht vorbei. Deshalb ein paar Gedanken von ihm: »Im Wasser liegt Heil; es ist das einfachste, wohlfeilste und – recht angewandt – das sicherste Heilmittel.«
Als junger Mann erkrankte Sebastian Kneipp an Tuberkulose – damals glich das einem Todesurteil. Doch es gelang ihm, sich durch eiskalte Tauchbäder in der Donau selbst zu heilen. Seine Erfahrung sollte auch anderen Menschen helfen, und so entschloss er sich, sich intensiv mit der gesundheitsfördernden Kraft des Wassers zu beschäftigen. Die Grundsteine seiner Wasserkur waren gelegt.
2015 entschied die Deutsche UNESCO-Kommission »Kneippen als traditionelles Wissen und Praxis nach der Lehre Sebastian Kneipps« als immaterielles Kulturerbe anzuerkennen. Seit 170 Jahren nun haben sich Kneipps Motto »Leben im Einklang mit der Natur« und seine »Wasser- und Kräuterheilkunde« gehalten. Bis heute haben sich seine Wassertherapieansätze wie Güsse (Kneipp hat über 100 davon entwickelt), Waschungen, Wickel, Wassertreten, Dampfbäder, Teil- und Vollbäder im Zusammenwirken mit seinen Kräuterrezepturen bewährt. Jeder kann die Heilkraft des Wassers erleben und spüren. Die Anwendungen lassen sich auch zu Hause durchführen. Und das alles kostenlos und unverbindlich. Das Einzige, was es kostet, ist manchmal Überwindung!

Abgestimmt auf den einzelnen Menschen und seine Lebenslage ist die Wirkung solcher Anwendungen enorm. Ob Einschlaf- oder Aufwachhilfe, natürliche Gesichtsstraffung oder Kreislaufkick. Die Heilkräfte des Wassers stärken das Immunsystem, die Selbstheilungskräfte und die Lebensfreude.

Redewendungen, Sprichwörter, Volksmund

Die Heilkräfte des Wassers leuchten in den folgenden Sprichwörtern besonders stark auf:

- **Ich möchte eine reine Weste haben:** Wer hat nicht gern eine reine weiße Weste, frei von Verschmutzungen? Was wir in dieser Redewendung als Schmutz bezeichnen, sind misslungene Begegnungen, schlechte Erfahrungen, Verletzungen von anderen, aber auch Missgriffe, die wir selbst tätigen, Bemerkungen, die andere verletzen, verweigerte Hilfeleistungen, die wir hätten geben können, oder egoistische Verhaltensweisen, die den anderen zum Objekt machen. In diesem Sprichwort kommt die Heilkraft des Wassers im Sinne von be-reinigen eines Versagens oder Misslingens zum Ausdruck.

Wo brauchen Sie gerade die reinigende Kraft des Wassers, und wie könnte die be-reinigende Kraft aussehen?

- **Steter Tropfen höhlt den Stein:** Da fällt von oben permanent ein Wassertropfen auf den darunter liegenden Stein. Ringsum hat sich Moos gebildet. An der Stelle, an der der Tropfen auftrifft, ist eine Kuhle entstanden. So tropft es Tag und Nacht, Sommer wie Winter, jahrein, jahraus vor sich hin. Die Kuhle wird größer und größer. Irgendwann wird sie den Stein ausgehöhlt haben. Und das Gute dabei ist, dass auf diese Art scharfe Kanten eines harten Gesteines abgerundet werden, scharfe Konturen eine Weichheit bekommen. Die Heilkraft heißt Beharrlichkeit und Geduld.

Beharrlich die eigenen, uns sehr gut bekannten Scharten und Kanten abrunden? Das wäre zu schön, wenn uns das im Schnelldurchgang gelänge. Aber nein, jeden Tag und jede Stunde müssen wir Tropfen auf Tropfen schicken, Bemühen auf Bemühen tropfen lassen. Ein gutes Gefühl, wenn wir uns das, so oft es geht, bewusst machen. Wann wird es gelingen?

- **Nach diesem Schluck Wasser fühle ich mich wie neu geboren:** Das Gefühl ausgelaugt, energielos, kraftlos, schlapp zu sein kennen sicher alle, die eine große Anstrengung hinter sich haben: eine Wanderung in der Hitze, ein anstrengendes Training, eine ermüdende Fortbildung, schwere körperliche Arbeit. Und dann: ein Schluck frisches Wasser. Welche Köstlichkeit!

  Viele Menschen atmen nach diesem Schluck hörbar ein und aus – »Aaahhh.« Neue Lebenskräfte sind geweckt. Man ist wieder fit. Wasser löst aus der Kraftlosigkeit, verwandelt Lebloses in Lebendiges. Das bezieht sich auch auf Erstarrtes, Festgefahrenes und Verkrustetes. Denken Sie zum Beispiel an Kristalle aus Salz oder Zucker. Das Wasser löst sie auf. Denken Sie an Eis. Warmes Wasser löst das Eis. Denken Sie an Blutverkrustungen einer kleinen Wunde. Wasser löst sie. Verwandlung und Lösung, diese Heilkräfte stecken im Wasser.

  Manche Tage fühlen sich an wie Eiszapfen, manche wie eine energielose Aneinanderreihung von Stunden. Wenn solche Tage sich summieren, nehmen sie uns den Lebenssaft. Wie entkommt man solchen Zuständen? Hatten Sie schon die Gelegenheit, sich nach einem Saunabesuch im kalten Tauchbecken zu erfrischen? Vielleicht könnten Sie Wechselduschen probieren oder einfach mal ganz bewusst Ihre morgendliche Dusche genießen?
- **Stille Wasser gründen tief:** Wasser lädt ein, in die Tiefe zu gehen. Wer so etwas gesagt bekommt, hat ein Kompliment eingeheimst für Nachdenklichkeit und Tiefgang. Beharrlich die Sehnsucht nach Tiefgang im Leben, nach dem Mehr im Leben zu nähren ist eine wunderbare Heilkraft, die im Wasser steckt.

Eine Überlegung, die sich lohnt: Mehr im Leben – was heißt das konkret für Sie? Vielleicht mehr Zeit, mehr Anregungen für Ihre Lebensgestaltung, mehr Tiefe in Ihren Beziehungen, Schritte auf die Erfüllung Ihrer Sehnsüchte …?

Und es gibt eine weitere, sehr bedeutungsvolle Heilkraft des Wassers. Sicher kennen Sie alle das Experiment mit dem wassergefüllten Marmeladenglas, dem aufgesetzten Deckel und dem Gefrierer. Wenn Wasser zu Eis wird, erstarrt es, dehnt es sich eben der Anomalie entsprechend aus und hebt den Deckel oder sprengt letztendlich das Glas. Wo liegt nun die heilende Kraft des Wassers für unser Leben in diesem Versuch? Manchmal ist eine Beziehung erstarrt, eisig und wie tot, oder das Schicksal verleitet uns dazu, unsere Gefühle einzufrieren. Dann ist es doch zum Aufgeben, zum völligen Erstarren oder zum Zerreißen, Explodieren und aus der Haut fahren. Manchmal hebt es einem, wie dem Marmeladenglas im Gefrierer, den Deckel hoch. Da kochen Wut und Ärger, Verletzung und Schmerz hoch, oder Gefühle, Mitleiden, Mitfiebern, Mitdenken gefrieren ein und machen uns das Leben schwer. Wie kann aus einem Herz aus Eis ein Herz der warmen Liebe werden? Wie kann eine abgebrochene Lebensbeziehung so viel Wärme bekommen, dass sie für beide Seiten wieder lebbar wird?

Wir glauben, eine Möglichkeit besteht in der Chance, den alten Zustand zu belassen, quasi einzufrieren, und nach einem neuen Weg zu suchen. Manches ist rückwirkend nicht aufzulösen, nicht zu klären, aber alles, was nach vorn geht, lässt sich ändern und gestalten. Gefrorenes Wasser zum Fließen bringen, indem man das Eis Eis sein lässt und nach einem neuen Glas Wasser sucht. Die Heilkraft heißt stehen lassen und wieder in Bewegung kommen. Wäre das für Sie denkbar?

Der christliche Kern des Symbols Wasser

> Wasser reinigt und belebt den ganzen Menschen, trägt Neubeginn in sich, schafft Beziehung und heilt mit Demut.

Wasser nimmt im christlichen Glauben und in seiner Symbolsprache einen hohen Rang ein. Wer eine katholische Kirche betritt, stößt schon am Eingang auf Weihwasserbecken in unterschiedlichen Ausformungen. Sie laden den Eintretenden ein, seine Fingerspitzen darin einzutauchen und sich zu bekreuzigen – als Erinnerung an die eigene Taufe. Nicht nur in Kirchen haben sich alte Wasserrituale erhalten. Weihwassergefäße in den Aussegnungshallen und an den Gräbern der Christen sowie in Privatwohnungen und Klosterzellen laden dazu ein, sich mit Weihwasser zu bekreuzigen oder Weihwasser zu versprengen.

Von der reinigenden und neu belebenden Heilkraft des Wassers erzählt der biblische Text von der Fußwaschung der Jünger durch Jesus *(Joh 13,1–20)*.

Die Fußwaschung gehörte zu den Standardritualen der Gastfreundschaft im Orient. Beim Betreten eines Hauses war es Sitte, dass der Vater des Hauses dem Gast die Füße wusch, wie es Jesus vor dem letzten Abendmahl bei seinen Jüngern getan hat. Der Schmutz der staubigen Wanderwege musste weg. Das verlangten die Hygiene und die Wertschätzung des Gastes, so wie es im Johannes-Evangelium beschrieben wird. Allerdings wäscht Jesus überraschend erst *nach* dem Mahl seinen Jüngern die Füße und dazu im Wissen um den geplanten Verrat durch Judas. Petrus wehrt sich. Jesus erwidert: »Wenn ich dich nicht wasche, hast du keinen Anteil an mir.« Die Reaktion des Petrus: »Dann wasche nicht nur meine Füße, sondern auch Hände und Haupt« – also alles von Kopf bis Fuß! Jesus entgegnet: »Wer vom Bad kommt, braucht sich nur noch die Füße zu waschen. Auch ihr seid rein, aber nicht alle.« Nach der Fußwaschung erläutert Jesus sein Motiv: »Ich habe euch ein Beispiel gegeben, damit ihr so handelt, wie ich an euch gehandelt habe. Amen, amen, ich sage euch: Der Sklave ist nicht größer als sein Herr und der Abgesandte nicht größer als der, der ihn gesandt hat. (…) Wer einen aufnimmt, den ich senden werde, nimmt mich auf.«

Jesus gibt der äußerlichen Reinigung eine innere Bedeutung: Durch dieses Ritual mit dem Symbol Wasser befreit er vom Alten, Bedrückenden, vom Gescheiterten und macht den Weg frei für einen Neubeginn. Was nicht gelungen war, wird in diesem Akt vom reinigenden Wasser hinweggewaschen, be-reinigt, vom fließenden Wasser weggespült. Neues, sauberes Wasser steht bereit. Was gestern war, ist abgewaschen – so das Versprechen Gottes. Damit dies gelingt, gibt er seinen Anteil an seinem Wesen, seinem Leben, seiner Freundschaft, seiner Gottesbeziehung über seinen bevorstehenden Tod hinaus dazu. Er will eine andauernde, ganz neue Beziehung und Bewegung in Gang setzen mit diesem Ritual der Fußwaschung, die heilende Nähe Gottes zu jeder Zeit.
Und eine zweite Heilkraft zeigt sich in diesem Ritual: Jesus kennt keine Rangordnung und lässt keine gelten. Ein Plädoyer für die Menschenwürde und für die Überwindung von Verrat, Neid, Machtgelüsten, Zwang und Verzweckung. Ein Plädoyer für Demut und Dienen als Heilkraft. Diese Heilkraft kennt keine Allmachtsansprüche und Gelüste, sich selbst als Gott zu erheben. Das ist Dien-Mut, Offenheit und Zugänglichkeit füreinander und für Gott. Hilfe in der Not, im Zeichen der Fußwaschung.

Als wir Kinder waren, haben unsere Eltern die kleinen Weihwassergefäße in der Wohnung benutzt, um uns zu segnen, wenn wir das Elternhaus für längere Zeit verlassen mussten. Sie zeichneten uns mit Weihwasser ein Kreuz auf die Stirn mit dem Segensspruch »Gott behüte dich! Komm wieder heil zurück!«. Als Kinder hat dieses Schutzritual unseren Abschiedsschmerz gelindert. Es hat uns befreit und uns ermutigt loszuspringen. Als Jugendliche empfanden wir es manchmal als alten Zopf, den wir am liebsten abgeschnitten hätten, als Erwachsene mit eigenen Kindern lernten wir es wieder zu schätzen: Schutz, Liebe, Zuneigung mithilfe dieses Rituals mitnehmen auf die Reise. Beziehung und Nähe spüren dürfen trotz Abwesenheit.

Was würden Sie Ihren Kindern auf ihre Lebensreise als Zeichen mitgeben? Bräuchten Sie vielleicht auch so ein heilsames Ritual? Wofür, von wem? Könnten Sie es jemandem schenken?

Wasser stillt den Durst auf mehr Leben, löst Verkrustetes, wandelt Starres in Bewegung hin zu Verständigung und Frieden.

Ernesto Cardenal, katholischer Priester, Dichter und Revolutionär in Nicaragua, schreibt, dass alle Menschen mit einem verwundeten Herzen und einem unstillbaren Durst geboren werden – mit einem Durst nach Gott. Er zitiert aus *Psalm 42:* »Wie dürres Land lechzt meine Seele nach dir, Gott!« Dieser letztlich spirituelle Durst spiegelt sich seines Erachtens in den Gesichtern der Menschen, ihrer Unruhe und ihrer unstillbaren Sucht nach mehr und mehr. Sie ist wie eine Krankheit, wie ein Zwang, der aber den Durst nicht stillen kann. Cardenals Rückschluss lautet: »Weil Gott auf dem Grund jeder Seele wohnt, ist die Seele unendlich und kann mit nichts gefüllt werden als mit Gott.«[23]

Gilt diese tiefere Sicht von Durst auch für Sie, spüren auch Sie diesen spirituellen Durst in sich? Wie bringt er sich zur Sprache, und wie löschen Sie ihn?

Die durststillende Heilkraft des Wassers findet sich in der Bibel an vielen Stellen. Ein besonders sinnträchtiges Beispiel ist die Bibelstelle im Johannes-Evangelium, die wortreiche Begegnung des dürstenden Jesus mit der Samariterin am Jakobsbrunnen *(Joh 4,4–15)*. Jesus hat Durst in der Mitte des Tages im fremden, ja gegnerischen Land. Juden und Samariter lebten nämlich im Kriegszustand. Er bittet eine fremde

Frau, die er nach jüdischer Sitte nicht ansprechen darf: »Gib mir zu trinken!« Dem Wunsch nachzukommen ist der Frau offensichtlich zu gefährlich. Da verspricht er ihr im Gegenzug lebendiges Wasser und fügt hinzu: »Wer von diesem Brunnenwasser trinkt, wird wieder Durst bekommen, wer aber von dem Wasser trinkt, das ich ihm geben werde, wird niemals mehr Durst haben.«

Bei der Begegnung geht es um die Verheißung des lebendigen Wassers und seiner Wirkung: Die Frau erahnt offensichtlich durch diese Begegnung einen neuen Lebenssinn, sie ahnt, dass dies das Ende der Starre sein könnte, in der sie sich befindet. Sie bricht das Tabu wie Jesus. Beide lösen sich aus den Verkrustungen ihrer Tradition, und sie reden miteinander. Sitte und die Feindschaft zwischen den Juden und Samaritern war für einige Zeit außer Kraft gesetzt. Die Begegnung, das ehrliche Sich-aufeinander-Einlassen bewirkt mit diesem Jesus Christus, dem lebendigen Wasser, inneren und äußeren Frieden eines Menschen und der Gemeinschaft. Dieses durststillende Wasser ist uns geschenkt, wenn wir es annehmen. Es ist das Wasser, das ins Lebendige kommen lässt, ist Sinn und Sinnverwirklichung.

Impuls

Innere Starre entsteht oft aus Verletzungen, aus Schicksalsschlägen und Hilflosigkeit. Hilfen wollen wir in solchen Situationen oft nicht annehmen. Auf Dauer erzeugt das allerdings eine dauernde innere Leere. Wer sie nicht zukippen, übersehen, übergehen will, kann für sich nach lebendigem Wasser suchen, eben in der Bibel oder in sinnvollen Begegnungen, Gesprächen, in lebensbejahenden Gedanken und Verhaltensweisen. Er kann nach Möglichkeiten suchen, Verkrustungen zu lösen, Tabus zu brechen. Wollen Sie das? Sehen Sie für sich Wege?

Wer realen Durst nicht erlebt hat, kann den Durst nach Frieden, den Durst nach Gott nicht verstehen. Der Durst unserer Seele will erst entdeckt und eingestanden sein, ehe die Suche nach Gott im Kleinen, im Alltag beginnen kann. Die Glaubenssehnsucht der Samariterin ist so stark, dass sie der Heilung den Weg bereitet. Friede und Versöhnung treten ein. Friede und Versöhnung für Sie – mit wem? In welcher Situation?

Der Durst auf Leben
an manchen Tagen
ist für mich
kaum noch zu ertragen.
Doch reichen eins zehn (€)
für eine Flasche
mit Wasser
aus der Einkaufstasche?
Mein Durst ist größer
ich lass mich nicht leimen
auch wenn in der Werbung
manche es meinen.

Norbert Weidinger

Wasser gibt Energie, knüpft an die Heilkraft des Glaubens an, ist ein Geschenk des Himmels. Seine besondere Rolle zeigt sich vor allem deutlich bei der grundlegenden Entscheidung, Christ zu werden, beim Sakrament der christlichen Taufe. Die Entscheidung dafür fällt weit bevor der Pfarrer bei der Taufe den Täufling mit Eltern und Verwandten an der Kirchentüre abholt. Ein schutzloses Kind ist den Eltern durch die Geburt anvertraut. Halb zuversichtlich, halb ängstlich schauen sie ihrer neuen Aufgabe und der Zukunft entgegen. Im festen Glauben, für dieses Kind das Beste zu tun, entschließen sich deshalb einige Eltern, dieses kleine Wesen unter Gottes Schutz zu stellen. Ältere Kinder und Erwachsene treffen diese Entscheidung bewusst.
Damit erklären sich Eltern bzw. der Täufling selbst sowie Patin bzw. Pate bereit, das Kind in seinem leiblichen und spirituellen Wachstum nach besten Kräften zu stützen und zu begleiten. Sie zeichnen dem

Kind ein Kreuzzeichen auf die Stirn als Willkommensgruß. Im Zentrum der Taufe steht das dreimalige Übergießen (oder in manchen christlichen Kirchen auch das Untertauchen) des Täuflings mit Wasser am Taufbrunnen oder -becken. Die Taufformel in der evangelischen Kirche lautet: »N. N., ich taufe dich im Namen des Vaters und des Sohnes und des Heiligen Geistes. Der allmächtige Gott und Vater unseres Herrn Jesus Christus, der dich von Neuem geboren hat durch das Wasser und den Heiligen Geist und dir alle deine Sünden vergibt, der stärke dich mit seiner Gnade zum ewigen Leben. Friede sei mit dir.«[24]
Die Taufworte im katholischen Ritus lauten: »N. N., ich taufe dich im Namen des Vaters und des Sohnes und des Heiligen Geistes.« Dieses Übergießen des Wassers erinnert an die Taufe Jesu: »Als Jesus getauft war, stieg er sogleich aus dem Wasser herauf. Und siehe, da öffnete sich der Himmel und er sah den Geist Gottes wie eine Taube auf sich herabkommen. Und siehe, eine Stimme aus dem Himmel sprach: Dieser ist mein geliebter Sohn, an dem ich Wohlgefallen gefunden habe« *(Mt 3,16–17)*. Ein guter Willkommensgruß für jedes Neugeborene und für jeden, der sich zur Taufe entschließt!
Im Sakrament der Taufe verbindet sich Gottes Zusage mit dem Element Wasser. Was Taufe meint, wird verständlicher mit der Klärung des Begriffs Sakrament. Er bezeichnete in der Antike, was wir heute Weihe, Diensteid (eines Beamten oder Soldaten) oder Verpflichtung nennen. Aus heutiger theologischer Sicht ist ein Sakrament Zeichen der Nähe Gottes. Es stiftet eine bleibend schützende Beziehung zu Gott und schenkt die Grundausstattung an Glaubensenergie und Kraft für ein ganzes Leben und darüber hinaus. Ein Segen, der mit seiner Energie die Grenze zwischen Zeit und Ewigkeit sprengt wie das Eis ein Wasserglas.

Die evangelische Kirche hat den schönen Brauch der Taufsprüche. Haben Sie einen solchen Taufspruch, und können Sie sich noch an ihn erinnern? Hat er vielleicht eine Verbindung zu Wasser? Was bedeutet Ihnen die Taufe?

Einige Anregungen für Taufsprüche, die sich auf die Heilkraft des Wassers beziehen.

- »Selig der Mensch, der seine Freude hat an Gottes Wort!
  Er ist wie ein Baum, der an Wasserbächen gepflanzt ist,
  der zur rechten Zeit seine Frucht bringt und dessen Blätter nie welken« *(Ps 1,2–3)*.
- »Der Herr ist meine Hirte, nichts wird mir fehlen, er lässt mich lagern auf grünen Auen und führt mich zum frischen Wasser« *(Ps 23,1–2)*.
- »Ihr werdet mit Freuden Wasser schöpfen aus den Quellen des Heils« *(Jes 12,3)*.

Wasser, die geschenkte Kraft des Himmels, diese Heilkraft kann uns in Bewegung halten, ein ganzes Leben lang. Und diese Kraft kommt uns immer wieder zu, ihrer versichern wir uns immer wieder, wenn wir uns an unsere Taufe erinnern oder daran erinnert werden in der Osternacht oder beim Betreten einer Kirche.

Impuls

Das Geschenk der heilenden Kraft des Wassers ist unbegrenzt und unerschöpflich. Holen Sie doch davon so oft und so viel es geht, und tanken Sie damit auf! Nehmen Sie es als kleine Lebenstankstellen, wenn Sie sich bewusst unter den Schutz Gottes stellen im Zeichen des Wassers!

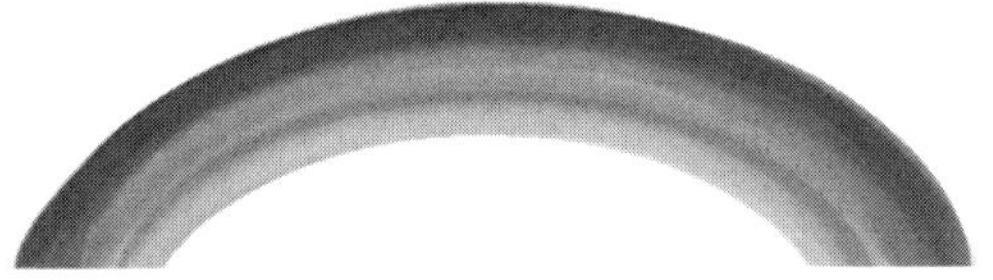

Zwischen Wasser und Licht: der Regenbogen

Ein Riesenregenbogen! Die unermessliche Verbindung zwischen Himmel und Erde, Raum und Zeit. Wer läuft da nicht ins Freie, um dieses Spektakel zu bewundern? Erinnern Sie sich, wann Sie zum letzten Mal einen Regenbogen bewusst gesehen haben?

Das Leben ist bunt wie ein Regenbogen

Wer hier und jetzt an Regenbogen denkt, verbindet damit Gedanken und Gefühle an Harmonie, Zusammengehörigkeit und ein friedliches Miteinander. Und sicherlich hat er auch dieses Farbenkaleidoskop vor Augen. Wieso hat der Regenbogen eine solche Bedeutung?

Die Form des Bogens

Ein Bogen verbindet in seiner Form zwei Seiten, er überbrückt, bringt zwei Pole in einen Zusammenhang. Die gleiche Funktion hat auch eine Brücke. Wunderbar zu sehen ist das zum Beispiel an der gemauerten Bogenbrücke in Mostar.
Wie in Mostar, so verbindet der Bogen oft zwei Flussufer miteinander und ermöglicht Begegnung. Durch die Spiegelung des Bogens im Wasser schließt sich für manche Betrachter ein Kreis. Somit verbindet der Bogen auch Wirklichkeit und Illusion. Der Regenbogen vereint Gegensätze – Sonne und Regen, Himmel und Erde –, und gleichzeitig werden damit die beiden Pole miteinander verbunden. Da entsteht Spannung, und das setzt Elastizität und Belastungsfähigkeit voraus. Deshalb steht die Form auch für Lebenskraft und Spannkraft eines Menschen, für die Fähigkeit, unterschiedliche Standpunkte auszuhalten.

Farben als Vereinigung von Wasser und Licht

Wenn es regnet und zur selben Zeit die Sonne scheint, können die Spektralfarben des Lichtes gesehen werden. Das weiße Licht ist in diesem Fall zerlegt in sieben Farben, den sieben Regenbogenfarben. Von unten nach oben erkennen wir folgende Farben: Violett befindet sich ganz unten am Regenbogen. Danach folgen zwei Blautöne, zunächst Indigo-Dunkelblau und dann Türkisblau. Nun verändert sich die Farbe durch die Lichtbrechung zu Grün. Die dritte Farbe von oben ist Gelb. Zuletzt folgen noch Orange und Rot als oberste Farben des Regenbogens. Die unterschiedlichen Farben hängen mit unterschiedlichen Wellenlängenbereichen zusammen. Sie bewegen sich im Bereich von 380 nm (Nanometer) für Violett bis 750 nm für rotes Licht. Im Regenbogen stoßen die Wellenlängenbereiche nahtlos aneinander. Das macht die Faszination aus: Es gibt keine sichtbaren Übergänge.

Das Symbol des Regenbogens im Alltag

Ob Greenpeace, Pace, Schwule und Lesben oder die christliche Vereinigung Sant'Egidio, der Regenbogen (oft als Regenbogenfahne) steht für Hoffnung auf eine neue, bessere Zeit, auf Veränderungen und Aufbruch. Er symbolisiert Versöhnung, Frieden, Toleranz und die Sehnsucht nach Akzeptanz anderer Lebensentwürfe, so z. B. gleichgeschlechtlicher Beziehungen. Eine Aussage steht immer: Jede Farbe, jede Nation, jede Lebensrichtung und jeder Mensch ist dem anderen, der anderen gleichwertig. Gemeinsam mit anderen wollen sie ein Ganzes bilden, wobei jeder Einzelne seine Bedeutung behält: Einheit in Unterschiedlichkeit und Vielfalt in gelebter Toleranz.

Sant'Egidio

Papst Franziskus hat 2014 die Gemeinschaft Sant'Egidio so charakterisiert: *preghiera, poveri, pace* (Gebet, Arme, Frieden). Lebensgrundlage der Gemeinschaft ist das gemeinsame Gebet (preghiera). Die Freundschaft mit den Armen (poveri) als soziales Engagement umfasst Kinder- und Jugendarbeit, die Sorge um alte Menschen, Mensen für Obdachlose und Bedürftige, Sprachschulen für Flüchtlinge und das Kümmern um Menschen mit Behinderung. Die Gemeinschaft war – als Beispiel für ihre Friedensarbeit (pace) – als Moderatorin oder Beobachterin an zahlreichen erfolgreichen Friedensverhandlungen beteiligt, etwa für Guatemala, den Kosovo, die Elfenbeinküste, den Südsudan.

Die Bewegung vom »Land des Regenbogens« ist eine Vereinigung von Kindern und Jugendlichen aus der Sant'Egidio-Gemeinschaft und steht für den Traum von der zukünftigen Welt, wie wir sie uns wünschen. Sie macht den Vorschlag, eine gerechtere, menschlichere

und solidarischere Welt aufzubauen, in der auch die Natur geachtet wird. Die Bewegung steht allen offen und übt ein Leben in Respekt vor jedem Einzelnen unabhängig von seiner Herkunft, Sprache, Kultur oder Gesundheit ein (so zu lesen auf der Internetseite von Sant'Egidio). Im Manifest vom »Land des Regenbogens«, das von Kindern und Jugendlichen 1998 erstellt wurde, heißt es wörtlich:
»Es scheint schwierig, doch es ist leicht. Wir stellen die Welt auf den Kopf und machen sie kunterbunt.

- Weiß: für eine saubere Welt
- Rot: für die Freundschaft und die Solidarität
- Gelb: für die Sonne, die uns vereint
- Grün: für das Gras, auf dem wir spielen können
- Blau: für die Nacht, die niemandem mehr Angst machen darf

Dies sind die Farben der Zukunft. Dies sind die Farben Gottes. Das ist das Land des Regenbogens.«
Als Erkennungszeichen für Sant'Egidio fungiert ein Regenbogen mit einer weißen Taube in der Mitte des Regenbogens, einen Ölzweig im Schnabel.

Regenbogenkinder

Während der Recherchen zum Regenbogen sind wir auf ein Phänomen gestoßen, das wir als äußerst bemerkenswert erachten. Es ist ursprünglich in der Esoterik beheimatet. Das Besondere ist, dass es sehr viel Gemeinsames gibt zu christlichen Lebenshaltungen und der Suche nach Sinn, nach Spiritualität, und zwar dreht es sich um Kinder mit einer besonderen Gabe. Unter Regenbogenkindern versteht man Kinder, die ab den 2000er-Jahren geboren sind.
Solche Kinder bringen Qualitäten wie Liebe, Licht und Freude in besonderer Intensität auf die Welt. Sie haben ein waches Bewusstsein und eine ausgeprägte Intuition. Schon als Kinder zeigen sie eine erstaunliche Spiritualität. Sie fassen ganz intuitiv auf, wenn es um Höheres geht, und sind völlig in den Bann gezogen davon. Diese Regen-

bogenkinder umgibt eine Aura aus leuchtenden Regenbogenfarben. Was wir für erstaunlich halten in Bezug auf christliche Spiritualität, sind die typischen Merkmale und Eigenschaften solcher Kinder: hohe Sozialkompetenz und Empathie, sensible Reaktionen auf Trennungen und negative Emotionen, Gespür für Unwahrheiten, lebendiger sechster und siebter Sinn, starke Spiritualität und Anbindung an Transzendenz.
Jedes Regenbogenkind hat seine besondere Energiequalität und erfüllt bestimmte Aufgaben. Wenden wir diese Merkmale auf uns Menschen im Christentum an, heißt dies: Unser Auftrag ist es, Freude, Liebe und Frieden zu manifestieren und in einer Zeit des geistigen Perspektivwechsels Klarheit zu schaffen aus dem christlichen Glauben, sichtbar in Ritualen und Symbolen.

Regenbogen und Mythologie

Obwohl wir das farbenfrohe Phänomen heutzutage wissenschaftlich erklären können, hat es nichts von seiner Faszination verloren. Seit Menschengedenken wird der Regenbogen mannigfaltig und universell deutbar als Symbol verwendet, zum Beispiel in der griechischen Mythologie. Die Germanen gingen davon aus, dass ihre Toten über einen Regenbogen ins Jenseits gelangen.

Die Heilkraft des Regenbogens

Das Leben ist bunt wie ein Regenbogen, deshalb spiegeln die Farben des Regenbogens nicht nur das Leben wider, sondern werden auch gern zu Heilzwecken eingesetzt. Jede Regenbogenfarbe wirkt auf ein anderes Organ und hat eine bestimmte Bedeutung und Heilkraft. Uralte ganzheitliche Heilkünste nutzten die Regenbogenfarben, um Balance herzustellen und zu erhalten. Aus vielen verschiedenen Quellen sind im Folgenden die Hauptmerkmale, Bedeutungen und Wirkungen der Regenbogenfarben zusammengetragen. Vielleicht finden Sie sich in der ein oder anderen Farbe wieder, oder Sie entdecken hilfreiche Anregungen.

Rot … regt Herz und Kreislauf an, sorgt für Vitalität, Energie und Durchsetzungsvermögen und wird mit Liebe und Leidenschaft zusammengebracht.

Orange … stärkt das Immunsystem, ist wärmend, heilend und aufbauend, unterstützt die Kontaktfreudigkeit und die Bereitschaft, Neues zu entdecken, wirkt sexuell anregend, hilft Stress und Depression zu vertreiben und verhinderte Kreativität freizusetzen.

Gelb … wirkt auf das Gehirn, beeinflusst geistige Aktivitäten positiv, macht wachsam, klar und entschlossen. Gelb steht für Lebensfreude und Lebenskraft, bringt Helligkeit ins Gemüt.

Grün … ist verbunden mit Leben, Wachsen und Reifen, mit Frische und Natur. Grün sorgt für Gleichgewicht und Entspannung, es symbolisiert die Hoffnung, wirkt stimmungsverbessernd.

Türkisblau … ist eine Mischfarbe aus anregendem Blau und beruhigendem Grün. Türkis vereinigt alle positiven Komponenten der beiden Grundfarben und gibt der Seele Trost. Die Farbe steht für Begegnung und Wandlung, regt Immunabwehr und Thymusdrüse an.

Indigo … entspricht einem tiefen Blauton zwischen der Grundfarbe Blau und der Mischfarbe Violett. Es ist die Farbe des reinen Bewusstseins, fördert die Konzentration, wirkt beruhigend auf Körper und Geist, hat schmerzlindernde und entzündungshemmende Wirkung (Krankenhauslicht ist bläulich).

Violett … ist an der Grenze des sichtbaren Lichts zum ultravioletten Licht. Es ist die Farbe des universellen kosmischen Bewusstseins, die Farbe der Mystik, Inspiration und Magie, sie wird mit Frömmigkeit und Buße in Verbindung gebracht. Violett wirkt antiseptisch und schmerzstillend (Migränebehandlung).

Redewendungen, Sprichwörter, Volksmund

- **Einen großen Bogen um jemanden machen**, im Sinne von befürchteten unliebsamen Begegnungen aus dem Weg gehen.
- **Den Bogen überspannen** als Ausdruck von übertreiben, zu weit gehen.
- **Jemanden in hohem Bogen hinauswerfen** gilt einer Person, die sich richtig danebenbenommen hat.
- **Wenn der Regenbogen tagelang am Himmel stünde, würde man nicht mehr nach ihm aufschauen.**

Regenbogen als christliches Symbol

Regenbogen und Taube werden oft auf Bildern in Kirchen zusammen dargestellt. Dabei wird Bezug genommen auf die Stelle im Alten Testament, in der Gott nach der Sintflut mit seinem Volk und allen Lebewesen einen Neuen Bund schließt unter dem Zeichen des Regenbogens: »Der Herr sprach in seinem Herzen: Ich werde den Erdboden wegen des Menschen nie mehr verfluchen (...) ich werde niemals wieder alles Lebendige schlagen, wie ich es getan habe. Niemals, solange die Erde besteht, werden Aussaat und Ernte, Hitze und Kälte, Sommer und Winter, Tag und Nacht aufhören (...) Und Gott sprach: Das ist das Zeichen des Bundes, den ich stifte zwischen mir und euch und den lebendigen Wesen bei euch für alle kommenden Generationen: Meinen Bogen setze ich in die Wolken; er soll das Zeichen des Bundes werden zwischen mir und der Erde. Balle ich Wolken über der Erde zusammen und erscheint der Bogen in den Wolken, dann gedenke ich des Bundes, der besteht zwischen mir und euch und allen Lebewesen, allen Wesen aus Fleisch, und das Wasser wird nie wieder zur Flut werden, die alle Wesen aus Fleisch verdirbt. Steht der Bogen in den Wolken, so werde ich auf ihn sehen und des ewigen Bundes gedenken zwischen Gott und allen lebenden Wesen, allen Wesen aus Fleisch auf der Erde« *(Gen 8,21–22; 9,12–17)*.

Ein wunderschöner Hoffnungstext, vor allem der Anfang! Ein Gott, den die Sintflut reut, der sich als Freund des Lebens zeigt. Alle Lebe-

wesen und alle kommenden Generationen sind in diesen Bund eingeschlossen. Stellvertretend für die Tiere werden Vögel, gezähmte und wilde Tiere genannt. Eine Verheißung auf immer und ewig.
Hier ist der Bogen als Erinnerungszeichen und Friedenssymbol benannt, das allen Menschen gilt, auch Ihnen ganz persönlich. Und dieses Versprechen gilt auch heute noch; denn Gott bleibt seinem Wort treu. Dieses bunte Himmelsband hält Gottes Versprechen immer noch und immer wieder neu lebendig.

Sinnbild des Lebens

Leben steht in der Spannung und Verbindung von Himmel und Erde. Jeder Mensch hat beide Wurzeln. Erdwurzeln, verhaftet im irdischen Leben mit all dem Unabänderlichen, mit den Unwägbarkeiten, mit unserem körperlichen Erdverhaftet-Sein, mit Krankheit und Tod. Himmelswurzeln mit dem göttlichen Funken, den jedes menschliche Leben in sich trägt, mit menschlichen Fähigkeiten, die weit über Erklärliches oder Machbares hinausweisen, mit himmlischen Kräften, die uns in Höhen ziehen und die Tiefe des Lebens spüren lassen.
Wer sich mit seinem irdischen Dasein anbindet an den Himmelskarren, hat einen göttlichen Maßstab, der ihn nicht irren lässt. Dieser Gedanke spiegelt sich auch in dem Bild des Körpers als Instrument wider: Das Göttliche im Menschen wird hörbar, sichtbar, fühlbar im Leben. Die eigene innere Stimme orientiert sich an etwas, was nicht im Menschen selbst liegt. Das macht frei und bereit, den bunten Lebensbogen hoffnungsvoll zu beschreiten, ihn Schritt um Schritt abzugehen, um andere Menschen zu treffen, Hindernisse untereinander zu überwinden, Spannungen durchstehen zu können, Belastungen des Lebens, Tiefen und Löcher überwinden und auch ablegen zu können (»Du wirst mir nicht mehr auflegen, als ich tragen kann«, schreibt Dietrich Bonhoeffer in einem Gebet).
Im Wissen um Gottes Versprechen: Er wird die Verbindung zu uns Menschen, den Bogen zwischen Gott und uns, nie mehr lösen.

Der Regenbogen ist Wegweiser und ermöglicht Begegnung: Der Bogen als Wegweiser, anderen zu begegnen, um etwas zu lösen, einen neuen Anfang zu machen, um den anderen besser kennenzulernen, um Neues zu erleben, um das Leben reicher zu machen. Er schafft Begegnungsraum, indem er (oft auch gedanklich) die Verbindungsmöglichkeit herstellt von einer zur anderen Seite. Sich auf den Bogen zu begeben verlangt Mut und Hoffnung. Der erste Schritt muss gewagt werden, getragen in der Hoffnung, dass Gott alles gut werden lässt.

Vielleicht fällt Ihnen eine Begebenheit ein, in der Ihnen das gelungen ist. Und vielleicht denken Sie an etwas, was gelöst, aufgelöst werden müsste zum Heilwerden, Heilsein. Können Sie aus dem Bild des Regenbogens Mut und Hoffnung ziehen? Wollen Sie einen ersten Schritt wagen? Wann wollen Sie den ersten Schritt in diese Richtung tun?

Der Regenbogen steht für Vielfalt

Andersartigkeit im Aussehen, Denken, Sprechen und Handeln, andere Lebensentwürfe brauchen Toleranz und Akzeptanz, um der Gleichwertigkeit und der gleichen Würde aller Menschen Raum zu geben. Das ist manchmal schwierig und mühsam und braucht einen langen Atem.

Das Leben ist nicht schwarz-weiß. Es birgt in sich alle Spektralfarben des Sonnenlichtes. Die unterschiedlichen Farbtöne betrachten, bedenken, ihnen nach-denken, bringt Tiefe und Vielfältigkeit ins Leben.

Gibt es für Sie Farbtöne oder nur Schwarz-Weiß als Schablonendenken (weil es nicht so anstrengend ist)? Lassen sich auch die Übergangsfarbtöne, die feinen Nuancen des Lebens, erspüren, vielleicht als Bereicherung?

Es ist heilsam, sich die eigenen Erd- bzw. Himmelswurzeln anzuschauen und bewusst zu machen. Deshalb möchten wir Sie ermuntern, Ihre Zerbrechlichkeit, Ihren Wankelmut, Ihre Unsicherheit und Angst einerseits und Ihre Kreativität, Ideen, Einfälle und Geistesblitze andererseits auszugraben.

Ihre Lebenskraft, Spannkraft, Ihre Elastizität – geistig und körperlich – könnten eine Auffrischung brauchen? Warum nicht über die Begegnung mit andersartigen Menschen, mit Flüchtlingen, mit Lebenskünstlern und Tut-mir-gut-Menschen? Oder warum nicht über Wohlfühlaktionen und Musenküsse wie saunieren, schwimmen, wandern, lesen, Musik hören, sich pflegen, sich verwöhnen lassen? Warum denn eigentlich nicht?

Die Lebenselemente Feuer und Licht

Wir wollten einmal bewusst den Sonnenaufgang am Berg Sinai erleben. Mit einer Reisegruppe machten wir uns auf den Weg bei sternen- und mondklarer Nacht. Wir konnten uns kaum sattsehen. Einheimische zogen mit ihren Kamelen voran und halfen uns an dunklen Engstellen und den wenigen Klettersteigen. Gegen vier Uhr morgens erreichten wir den Gipfel. Es wurde bitterkalt. Wir vertraten uns die Füße, verlagerten unseren Platz. Es nutzte wenig. Die Zeit schien stillzustehen. Kaum jemand sprach ein Wort. Stille. Doch dann begann ganz sacht im Osten die Dämmerung. Im Zeitlupentempo schob sich die Sonne über die gegenüberliegende Gebirgskette nach oben. Wir legten uns bäuchlings auf die kalte Felsplatte. Ein zarter Lichtkegel vergrößerte, erhellte, verfärbte sich von Dunkelblau über Dunkellila ins Rötliche. Auf einmal war es so weit: Der obere Rand der glutroten Sonne stieg über der Bergkante auf. Wir waren innerlich von diesem grandiosen Naturschauspiel tief ergriffen: Vor uns erhob sich ein roter Feuerball majestätisch in die Höhe, wurde heller und heller und begann zu strahlen. Schon wurde uns wärmer ums Herz. Erst leises Flüstern, dann schwollen die Stimmen an, im Jauchzen entlud sich die Freude der Gruppe unüberhörbar. Wir dachten in diesem Augenblick an die Worte in *Psalm 8:* »DU, unser Herr, wie herrlich ist dein Name in allem Erdreich. (...) Wenn ich ansehe deinen Himmel, das Werk deiner Finger, Mond und Sterne, die du hast gefestet, was ist das Menschlein, dass du sein gedenkst, des Adamsohns? DU, unser Herr, wie herrlich ist dein Name in allem Erdland.«[25] Unvergesslich bleibt die Tasse heißen Tees in der Berberhöhle, auf Kissen und Decken sitzend. Es dauerte einige Zeit, bis wir endlich wieder warm waren, auf dem Berg, auf dem Mose und Elija nach den biblischen Erzählungen ihre Gottesbegegnungen hatten ... dem Sinai, dem Berg der Gesetzestafeln.

Folgen Sie Ihren inneren Bildern, die beim Lesen aufsteigen, und lassen Sie sich davon zu eigenen Erinnerungen tragen. Wann haben Sie Ihren letzten Sonnenaufgang bewusst erlebt?

Feuer und Licht im Alltagsleben

Feuer und Licht üben seit jeher eine Faszination auf uns aus. Licht in Form der Tageshelligkeit bzw. Sonne existierte von Natur aus. Aber Feuer? Bereits vor 1,5 Millionen Jahren nutzten unsere Vorfahren die Kraft des Feuers, so die Vermutung von Fachleuten. Man nimmt an, dass es wohl schon den Neandertalern vor 40 000 Jahren gelungen war, Feuer mithilfe von Feuersteinen selbstständig zu entfachen. Nach der griechischen Mythologie soll uns Prometheus das Feuer gebracht haben. In der Naturphilosophie gilt das Feuer als Ursprung des Seins.

Zunächst ist Feuer ein chemisch-physikalischer Prozess mit drei Komponenten: einem brennbaren Stoff (Holz), der Zündenergie (Funke aus dem Feuerstein) und einem Oxidationsmittel (Sauerstoff). Fehlt eine Komponente, erlischt das Feuer. »Wohltätig ist des Feuers Macht, wenn sie der Mensch bezähmt, bewacht«, heißt es in Schillers »Lied von der Glocke«. Dort, wo der Mensch dieses Urelement unter Kontrolle hat, bringt es ihm Nutzen: Es spendet Licht und Wärme, erhellt das Dunkel, schützt vor Kälte und unliebsamen Tieren (Hirtenfeuer), hilft Speisen genießbar und verdaulich zu machen durch Kochen, Braten, Grillen, vernichtet Unnützes und brennbare Abfälle aller Art, reinigt und läutert. Mithilfe des Feuers kann und konnte der Mensch in Regionen vordringen, in denen er sonst nicht überlebt hätte.

Besonders die Kraft des Feuers zum Reinigen und Läutern war es, die einen riesigen Entwicklungsschritt ermöglichte. Feuer als Kraft zum Läutern unreiner und zum Erweichen von reinen Erzen, zum Schmieden und Verschmelzen war für die Entwicklung der Menschheit von einschneidender Bedeutung. In der Bronzezeit, zwischen 3000 und 1200 vor Christus, stellten die Menschen mithilfe des Feuers Bronze her. Damit war der Grundstock für Waffen, Werkzeuge, Gegenstände und Schmuck gelegt. Noch ist nicht geklärt, wie Menschen auf die Idee kamen, dass mit erzhaltigem Gestein und dem Feuer ein Rohstoff produziert werden kann, der dem Rohstoff Stein haushoch überlegen war.

In dieser Zeit entstand auch die berühmte bronzefarbene Himmelsscheibe von Nebra (entstanden etwa 1600 vor Christus, 1999 in Sachsen-Anhalt gefunden). Sie zeigt Elemente des Tages- und Nachthimmels (Sonne und Mond). Dazwischen sind immer wieder abstrakte Sterne zu erkennen. Zwischen den Horizonten kann man ein Schiff erkennen. Sie gilt als die älteste konkrete Darstellung kosmischer Erscheinungen und gibt zugleich einen Einblick in das Weltbild und das religiöse Denken dieser Zeit.

Allerdings: Schon eine kleine Unaufmerksamkeit genügt, das Feuer außer Kontrolle geraten zu lassen. Das kann für den Menschen zu einer Lebensgefahr werden und schreckliche Verwüstungen anrichten. Auch das mussten Menschen im Laufe der Entwicklung lernen.

Ohne Feuer kein Licht

Die Suche nach anderem Licht als die Sonne hat Menschen schon immer beschäftigt. Helligkeit und Wärme in die dunkle und kalte Behausung zu bekommen, war eine Herausforderung. Zwar gab es offene Feuerstellen, aber das war auch immer verbunden mit Qualm, Ruß und Luftverpestung. Aber bereits vor 10 000 Jahren diente eine Art Öllampe (Schalenlampe) als Lichtquelle. Die ersten kerzenartigen Beleuchtungsgegenstände sind vor etwa 5000 Jahren im Vorderen Orient verwendet worden.

Ab dem zweiten Jahrhundert gebrauchten die Römer Talg-, Pech- oder Wachskerzen. Bald schon wurde Bienenwachs als nicht stinkendes und rauchendes Brennmaterial für Kerzen entdeckt. Gerollter Papyrus als Docht wurde in flüssiges Bienenwachs getaucht: Es war die Geburtsstunde der bis heute beliebten Bienenwachskerze. Da Bienenwachs ein teures und wertvolles Material war (es wurde sogar als Zahlungsmittel gebraucht), waren diese Kerzen zunächst den Kirchen und reichen Fürstenhäusern vorbehalten. In privaten Haushalten wurde die Bienenwachskerze erst mit Ende des 15. Jahrhunderts verwendet. Im 18. Jahrhundert setzte dann schnell die Entwicklung der künstlichen Beleuchtung ein.

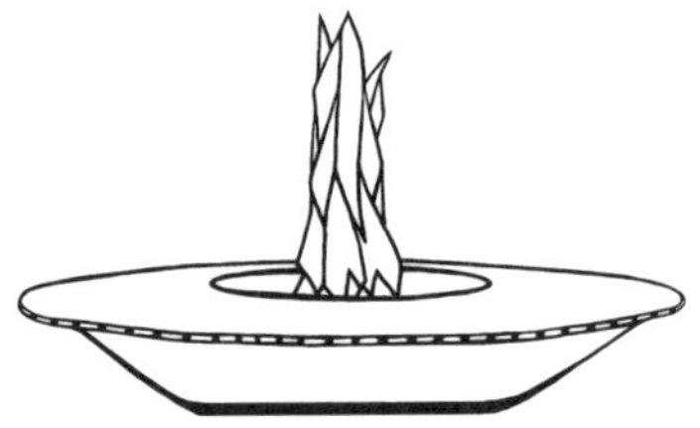

Dinge werden durch Licht sichtbar, eine Umgebung erhellt, ein Raum wird von Licht durchflutet, eine freundliche Helligkeit breitet sich durch entsprechendes Licht aus. Licht bedeutet für Mensch und Natur eine Lebensgrundlage: ohne Licht kein Leben, kein Wachstum, ohne Licht kein Schatten, ohne Licht keine Farben, ohne Licht keine zeitliche Orientierung (Tag und Nacht, Sommer und Winter), ohne Licht keine räumliche Orientierung. Licht taktet die innere Uhr des Menschen.

Im Alltag begegnet uns natürliches Licht als Sonne, Mond, Sterne, im Kerzenlicht, im Licht der Öllampe, der Gaslampe, der Fackel, in elektrischer Beleuchtung.

Medizinisch betrachtet: Feuer im Körper

Wer hat das nicht schon einmal erlebt: Man fühlt sich schlapp, vielleicht schmerzt der Hals, der ganze Körper glüht. Man hat Fieber. Krankheitserreger, Bakterien oder Viren sind in das Körpersystem eingedrungen, der Körper wird dem Angriff nicht mehr Herr. Die akute Abwehrwaffe Fieber macht sich breit. Bakterien werden quasi verbrannt, erhitzt, bis sie abgetötet sind.

Anders als dieses kleine Feuer spricht man von Feuer im Körper oder von sogenannten »silent inflammations« (stillen Entflammungen) und meint damit chronische, oft unerkannte Entzündungen, die zu schwerwiegenden Folgeerkrankungen führen können. Herzinfarkt, aber auch Diabetes, Rheuma und Krebs hängen enger mit unerkannten chronischen Entzündungen zusammen als bislang angenommen.

Und schließlich ein weiteres medizinisches Phänomen: das *Antoniusfeuer*. Als ursprünglich heiliges Feuer verstand man im Mittelalter darunter eine ansteckende Krankheit. Eine französische Quelle des Jahres 945 berichtet: »Im Gau von Paris und auch in diversen umliegenden Gauen wurden verschiedene Gliedmaßen der Menschen von einem schmerzenden Feuer durchdrungen; und die wurden allmählich zerfressen und vernichtet, bis der Tod schließlich die Martern beendete. Manche von denen entrannen der Plage, indem sie Stätten der Heiligen aufsuchten; mehrere sind in Paris in der Kirche der heiligen Gottesmutter (Notre-Dame) geheilt worden …«

Was steckt dahinter? Eigentlich waren die beschriebenen Symptome Vergiftungserscheinungen, die auf einen giftigen Pilz der Roggenähre zurückgehen. Das sogenannte Mutterkorn ist besonders kurz vor der Ernte sehr giftig, und kleine Mengen führen bereits zum Tod. Die in der Geschichte beschriebenen Massenerkrankungen traten besonders nach Hungersnöten auf, denn da wurde der frische Roggen sofort verzehrt. Der heilige Antonius Eremita (Antonius der Große, um 251 geboren, 356 gestorben), ein ägyptischer christlicher Mönch, galt als Schutzheiliger vor Feuer und eben auch als der Heiler des heiligen Feuers. Die Bezeichnung dieser Pilzvergiftung hat daher seinen Namen.

Licht als Therapeutikum

Die Sonne als natürliches Licht gilt schon lange als heilkräftig: Wer geht nicht lieber an einem sonnigen Tag als bei trüb-grauem Regenwetter ins Freie?

Wir alle wissen: Licht (Sonne) hebt die Stimmung, hellt das Gemüt auf: Glückshormone werden ausgeschüttet, welche Depressionen vorbeugen. Die Folge ist mehr Vitalität und bessere Stressbewältigung. Auch die Konzentrationsfähigkeit wird gefördert, Lernstörungen werden reduziert, die Hormonproduktion wird reguliert und die Schilddrüsenfunktion gesteigert. Mit einem Sonnenbad steigern wir unseren Vitamin-D-Haushalt, was sowohl für den Knochenstoffwechsel als auch für die Prävention einiger Krankheiten (z.B. Multiple Sklerose) von großer Bedeutung ist.

Es ist sehr wichtig, täglich genügend Sonnenlicht aufzunehmen. Unser Körper braucht das Sonnenlicht, um Vitamin D zu bilden. Das vermindert den Experten zufolge das Krebsrisiko. Deswegen empfehlen Experten etwa zehn Minuten direkte Sonnenbestrahlung pro Tag, und zwar ohne Sonnenschutzmittel. Nur so kann der Körper aus dem ultravioletten Sonnenlicht Vitamin D bilden. Das gilt genauso für die Wintermonate, denn das natürliche Licht dringt auch durch die Wolkendecke. Also, auf zu einem mindestens 15-minütigen Spaziergang an der frischen Luft! Vor allem auch im Winter, denn die Heilkraft des Lichtes wirkt auf allen menschlichen Ebenen: Körper, Seele und Geist.

Im alten Indien und bei den Mayas gab es eine besondere Form, die Heilkraft des Sonnenlichtes zu nutzen: das *Sonnenatmen.* Heute hat man es wiederentdeckt, auch im europäischen Raum. Bei der vereinfachten Form der Sonnenatmung strömt mithilfe des Atems wertvolles Licht in den Körper, und davon geht eine harmonisierende Wirkung aus. Auf diese Weise wird neue Energie freigesetzt, man wird munter und voller Kraft. Bewährt hat sich diese Übung zum Beispiel, wenn man einen Durchhänger hat, ausgelaugt und energielos im Büro sitzt.

Übung mit der vereinfachten Wechselatmung

Stellen Sie sich locker an einen Platz im Freien, wenn es geht, in der Sonne. Schließen Sie die Augen, und konzentrieren Sie sich auf Ihren Atem. Mit dem Atem saugen Sie die Lichtenergie ein: links einatmen und Sonnenlicht einströmen lassen (dabei rechtes Nasenloch mit dem Daumen zuhalten, bis vier zählen), beide Nasenlöcher schließen und locker Luft anhalten, dem Sonnenlicht nachspüren (bis vier zählen), rechts ausatmen (dabei linkes Nasenloch zuhalten, wenn es geht, beim Ausatmen bis sechs zählen), rechts einatmen und Sonnenlicht einströmen lassen (bis vier zählen), beide Nasenlöcher schließen und locker Luft anhalten, dem Sonnenlicht nachspüren (bis vier zählen), links ausatmen (dabei rechtes Nasenloch mit dem Daumen zuhalten) usw.
Wenn Sie diese Übung öfter wiederholen, zählen Sie nicht mehr, der Körper gibt Ihnen dann die Signale ganz automatisch.

Farbtherapie: Sonnenlicht in Spektralfarben

Bereits bei den Griechen und Römern, in Ägypten und anderen Kulturen kannte man die Heilkraft des Sonnenlichtes und nutzte sie z. B. bei der Farbtherapie. Die Tatsache, dass sich Sonnenlicht in die Spektralfarben zerlegen lässt, ist Grundlage der Farbtherapie. Jede Farbe wurde zur Behandlung einer bestimmten Krankheit eingesetzt, d. h., jede Farbe hat eine spezifische Wirkung. Lange Zeit war die Farbtherapie vergessen. Nun tritt sie wieder in Erscheinung, unter anderem auch deshalb, weil damit wissenschaftlich nachweisliche Heilerfolge erzielt werden.

Bei der Farbtherapie heute wird der Patient mit farbigem Licht bestrahlt, um bestimmte körperliche oder psychische Beschwerden zu lindern, meist zur Unterstützung einer anderen Behandlung. Eingesetzt wird die Farbtherapie beispielsweise bei Depressionen, Angstzuständen, Nervosität, Schlafstörungen, Verspannungen, rheumatischen Erkrankungen und Kopfschmerzen.

Je nach gewählter Farbe soll das Licht anregen oder beruhigen und die Selbstheilungskräfte des Körpers aktivieren:

- Rot schenkt Antrieb und Energie.
- Orange wirkt bei Niedergeschlagenheit und Traurigkeit.
- Gelb ist anregend und belebend.
- Grün fördert Kreativität und hilft bei Stimmungsschwankungen.
- Türkis hilft bei Sorgen und Belastungen.
- Blau wirkt schmerzlindernd und fördert die Wundheilung.

Redewendungen, Sprichwörter, Volksmund

Sind Sie schon Sprichwörtern wie *Feuer und Flamme sein* auf den Grund gegangen? In diesem Sprichwort steckt die Erfahrung gleich mehrerer heilsamer Kräfte des Feuers. Auf der Hand liegt die Deutung, dass jemand völlig begeistert ist von einer Sache, einem Menschen. Manche sagen auch *Hin und weg sein.* Hier wird ein Stück der tieferen Bedeutung spürbar: Es beinhaltet, irgendwo in einer anderen Sphäre, nicht von dieser realen Welt zu sein. Etwas ist unsagbar, unfassbar, mit dem Menschenverstand nicht direkt zu erfassen. Da fehlen eben die Worte. Dieser Ausdruck betrifft den Menschen in seiner Ganzheit und reißt ihn mit. Darin steckt so viel Kraft wie in einem Feuer. Die Kraft ist gepaart mit Leidenschaft: Rot als Farbe des Blutes, der Liebe und Leidenschaft, als dominante Farbe des Feuers und der Flamme. Der nüchterne Menschenverstand ist in diesem Moment außer Kraft gesetzt. Man lebt ganz für die Liebe zu einem Menschen, für eine Sache. Man verzehrt sich dafür leidenschaftlich, so wie sich das Feuer und die Kerze verzehrt. Solche Situationen bringen in Bewegung, bringen frischen Wind, sind wie ein Lagerfeuer. Man tut Dinge, die man sonst nicht getan hätte, traut sich vieles zu, was sonst nicht denkbar gewesen wäre. Aber manchmal kippt die leidenschaftliche Kraft der Liebe um, und es wird ein Strohfeuer daraus. Ernüchterung setzt ein.

- **Für jemanden durchs Feuer gehen:** Welche Liebe! Besagt sie doch, dass Gefahren, Schmerzen, Ungemach in Kauf genommen werden für einen lieben Menschen! Passiert etwas, was wie ein Brand einen Menschen in Gefahr bringt, setzt der andere alles daran, diesen Brand zu löschen und ihn zu retten. Das kann eine Lebensprüfungssituation sein, die mit dem anderen durchgestanden, eine Krise, die tapfer gemeinsam getragen wird. Das ist so ähnlich wie im Mittelalter, wenn Beschuldigte ihre Unschuld bei der Prozedur des Feuerurteils beweisen mussten. Allerdings hatten sie die Möglichkeit, jemanden zu wählen, der an ihrer Stelle durch das Feuer ging.

Impuls

Sind Sie schon einmal für jemanden durchs Feuer gegangen, oder hat es jemand für Sie getan? Welche Gefühle verbinden Sie damit? Wie war das Ergebnis?

- **Die Hand für jemand ins Feuer legen:** Hier ist – ebenso wie in der Redewendung vorher – ein Körperteil im Spiel. Diesmal geht es um die Hand. Mit ihr kann man sich nicht fortbewegen im Sinne von Gehen. Mit ihr arbeitet der Mensch, gibt und nimmt, gestaltet etwas. Etwas Handfestes, Sichtbares, Verlässliches kann entstehen. Um die Wahrheit geht es. Da ist eine dunkle Stelle, etwas, was ans Licht gebracht werden soll. Der, der die Hand ins Feuer legt, ist sich ganz sicher, die Wahrheit zu kennen. Nicht immer können wir alles, was da in einer Situation passiert ist, wieder abrufen, um Klarheit zu bekommen. Oft sind wir gefangen in unserem eigenen Denken, Wahrnehmen und Erleben. Da ist es doch sehr hilfreich, wenn jemand versichert: »Ich lege meine Hand dafür ins Feuer.« Das entlastet, hilft weiter und bringt Licht ins eigene Gedankengewirr. Klären und herausschälen des Wesentlichen, des Wertvollen, durch die Hand eines anderen, das zeigt Wege auf. Gleichzeitig fordert es aber auch Vertrauen: Ich vertraue dir so stark, dass ich keine Angst davor habe, die Hand für dich ins Feuer zu legen und die Gefahr einzugehen, die Hand zu verlieren. Bedenkenlos, unerschütterlich an einen Menschen glauben, mag sein und kommen, was will. In einer solchen inneren Haltung gibt es kein Zögern, kein *Wo-bleib-ich-Denken*. Da ist die heilsame Kraft des Feuers im Sinne von unerschütterlichem Vertrauen gefragt.

- **Ein Eisen im Feuer haben:** Das Feuer leuchtet in seiner mächtigen Wirkkraft auf; es bringt Eisen zum Schmelzen, sodass Werkzeuge und Gebrauchsgegenstände geschmiedet werden können. Beim Schmieden der Gegenstände saust der Hammer auf das glühende weiche Eisen. Aus einem unbrauchbaren Klumpen kann mithilfe des Feuers und Hammers etwas Gebrauchsfähiges, Stabiles entstehen. Aus dem Weichen (Unklaren) wird durch Abkühlung und Wasser (die Wirklichkeit) etwas Sinnvolles gestaltet.
  Aus etwas Unklarem kann fassbare Wirklichkeit werden. Damit eine Sache gelingt, brauchen wir mehrere formbare Eisenklumpen im Feuer. Die Anstrengung, ein Feuer in Gang zu halten, damit aus einem heißen Eisen (dem Vorhaben) ein konkreter Gegenstand (Wirklichkeit) werden kann, kennzeichnet eine heilsame Kraft des Feuers. Das ist immer etwas ganz Individuelles, weil jeder selbst der Schmied ist, der sein Eisen im Feuer hat. Je nachdem, welche Vorstellung der Schmied von dem Gegenstand hat, zeigt sich das Ergebnis. Jeder hat eine leise Ahnung, was aus diesem Eisen werden, welche Gestalt es annehmen, welche Möglichkeiten in einer Situation stecken könnten. Und es kann etwas sehr Schönes werden. Es gilt, die Chancen, dass eine Idee, ein Vorhaben, ein Plan verwirklicht werden können, wahrzunehmen. Die heilsame Kraft liegt darin, die Chance in die »schmiedende« Hand zu nehmen.
- **Licht ins Dunkel bringen:** Es geht um Klarheit und Geduld, darum, dass etwas unter die Lupe genommen, durchleuchtet wird. Das ist kein blitzartiges Erkennen. Es setzt voraus, dass man sich intensiv mit einer Sache beschäftigen muss, um Stück für Stück Helligkeit ins Dunkel zu bringen. Ein oft mühsamer, akribischer Prozess, der Geduld fordert. Die Wahrheit kommt ans Licht, wird ins Licht gehoben wie ein schwerer Gegenstand, der aus dem Meeresgrund geborgen wird. Klarheit zeigt sich Stück für Stück, wenn wir Geduld dafür aufbringen. Diese heilsame Kraft des Lichtes liegt im Graben, Schürfen, Nicht-locker-Lassen und im Hoffen auf die Hebung des Schatzes, um Klarheit zu gewinnen.

Impuls

Eruiert, nachgegraben, durchleuchtet und gehoben: Die Wahrheit kam ans Licht und ist jetzt zu sehen als Lohn der Geduld und Arbeit. Und sie bringt neues Bewusstsein, neue Klarheit ins Leben. Oft sind es tiefe Gespräche, die nachwirken und etwas in Gang setzen. Mag sein, dass es darum ging, einen Menschen besser und anders kennenzulernen, mag sein, dass es um ein Ringen für das Verständnis eines Sachverhaltes ging.

Stecken Sie gerade in solch einem Klärungsprozess? Können Ihnen Geduld und die Hoffnung auf Klarheit als heilsame Kräfte des Lichtes helfen?

- **Mir ist ein Licht aufgegangen:** Eine erste Deutung bezieht sich auf das Licht im Sinne einer rational nachvollziehbaren Erkenntnis. Es geht um *etwas einsehen,* ein neues Verständnis für etwas haben, das man vorher nicht so gesehen hat. Oft ist es ein sich entwickelndes Verstehen (»Jetzt endlich habe ich verstanden«), das uns die Augen öffnet. Und es wird etwas hell, was vorher unklar, verschwommen war. Jetzt lassen sich Strukturen erkennen, lassen sich Zusammenhänge verstehen. Der Blick ist geschärft. Der Durchblick gelungen, der Horizont weitet sich, »der Groschen ist gefallen«. Das ist ein Prozess: »Allmählich ging mir ein Licht auf.«

Impuls

Was kann das für Ihr Leben bedeuten? Worin liegt für Sie die heilsame Kraft des Lichtes im Sinne von Erkennen, den Blick schärfen, einen Durchblick haben?

Vielleicht fallen Ihnen rückblickend Situationen ein, in denen Sie etwas nachvollziehen konnten, was vorher verborgen war. Was, wer hat Ihnen geholfen, dass Ihnen ein Licht aufgehen konnte? Vielleicht erinnern Sie sich auch noch an das Gefühl des Durchblicks. Und in Ihrer jetzigen Situation: Wo würden Sie sich wünschen, dass Ihnen ein Licht aufgeht? Was, wer könnte Ihnen dabei helfen?

- **Einen Geistesblitz haben:** Das ist eine plötzliche Idee, es überkommt einen, so wie der Blitz plötzlich für Sekundenbruchteile alles in grelles Licht taucht. Mit einem Mal steht etwas voll im Licht, gibt es eine Lösung für ein Problem oder etwas Undurchschaubares. Vielleicht haben Sie schon lange darüber gegrübelt und nachgedacht, vielleicht war der Gedanke auch schon lange da, Sie haben ihn aber nicht wahrgenommen, aber jetzt »fällt es Ihnen wie Schuppen von den Augen«. Da leuchtet etwas im Gehirn, im ganzen Sein, im Körper auf: Ja klar! Ein Lächeln macht sich breit. Der Atem entweicht hörbar entspannt, Muskelentspannung ist spürbar. Eine Geste der Erleichterung an Körper, Seele und Geist, eine Er-Lösung, eine plötzliche Lösung, weil das Problem grell beleuchtet im Fokus steht und sich die Lösung zeigt. Darin liegt die heilsame Kraft des Lichtes.

Impuls

Geistesblitz und Ihr Leben, in Ihrer jetzigen Situation: Für welche Sache bräuchten Sie eine Er-Lösung, einen genialen Einfall, einen Geistesblitz?

- **Eine Erleuchtung haben:** Eine weitere heilsame Kraft von Licht schwingt hier mit: Inspiration, eine andere, höhere Ebene des Menschen. Intelligenz und reiner Menschenverstand sind jedenfalls nicht in dieser Dimension beheimatet. Hier geht es um Unerklärliches, mit menschlichem Verstand nicht Nachvollziehbares, um eine göttliche Eingebung. Es ist mehr als eine zündende Idee, mehr als ein Geistesblitz, es sind tiefe Einblicke in die Sinnhaftigkeit des Lebens und Daseins. Die Ziele des eigenen Lebens nehmen Kontur an. Wer erleuchtet ist, kümmert sich um die Tiefe des Daseins in einer spirituellen Ausrichtung. Er lebt für das Leben und gibt sich in der Versenkung ganz dem Leben hin, so wie eine Kerze Licht spendet und sich dabei verzehrt. Eine heilsame Kraft: die Ausrichtung auf das ganz andere, auf Transzendenz, das Menschliche übersteigend.

Impuls

Sich ins Leben versenken, meint nichts anderes, als über das Leben und den Sinn des Lebens nachzudenken und sich dem Leben hinzugeben. Das beinhaltet auch den Sinnanruf des Augenblicks und die Frage: Was will das Leben jetzt gerade von mir, was kann ich antworten? Jetzt. Bin ich gerade gefordert von einer Sache, einem Menschen? Bin ich gerade an einem Punkt, an dem mein Leben wieder einmal überdacht werden sollte, an dem Sinnleere herrscht und Oberflächlichkeit?

Die heilsame Kraft des Lichtes als innerer Kompass, ausgerichtet auf das ganz andere (auf Gott?), kann Ihnen vielleicht helfen, dem Leben wieder Richtung zu geben.

Bräuche rund um Feuer und Licht

Im vielfältigen, oft regional sehr verschiedenen Brauchtum scheint immer ein Stückchen Volksfrömmigkeit hindurch, sodass normales Volksbrauchtum und christliches Brauchtum nicht genau voneinander zu trennen sind. Diese Überschneidung zeigt am deutlichsten der Lichterglanz der Weihnachtsmärkte, der Geschäfte und Straßen mit Sternen, Engeln und Nikolausfiguren in der Advents- und Weihnachtszeit. Vorbereitungsstress, Vorfreude, aber auch das Wahrnehmen der Spannung zwischen Licht und Dunkelheit und vielleicht die Erwartung und das bewusste Zugehen auf »Christus, das Licht der Welt«. All das zeigt sich im Brauchtum dieser Zeit.

Erinnern Sie sich gern oder mit eher gemischten Gefühlen an diese Zeit in Ihrer Kindheit? Vielleicht tragen Sie zuerst einmal zusammen, welche Gestaltungselemente die Advents- und Weihnachtszeit für Sie zu einem Erlebnis besonderer Art gemacht haben. Hatten Licht und Finsternis, Wärme und Kälte Ihrer Erinnerung nach eine Rolle gespielt? Oder eher die Vorfreude auf die Weihnacht? Es wäre schön, wenn Sie sich von Ihren Antworten ein paar Notizen machen könnten. Die werden wichtige Anhaltspunkte und Hinweise liefern für eine gelungene Neugestaltung.

Ohne christlichen Bezug dagegen erscheinen inzwischen viele Osterfeuer und Johannisfeuer zur Sonnenwende im Frühling und Sommer. Manchmal kommen dabei auch die mancherorts beliebten Sonnen- oder Feuerräder zum Einsatz.
Wenn eine Magd früher von ihrem Dienstherrn den Satz hörte: »Heut ist Lichtmess!« – manchmal mitten im Jahr –, dann wusste sie, dass dies ihre fristlose Kündigung bedeutete. Wurde ihr dagegen ein Wachsstock, also eine Kerze, überreicht, gab ihr dieser Spruch die Gewissheit, dass ihr Arbeitsvertrag um ein weiteres Jahr verlängert war.
In Ritualen rund um Tod und Begräbnis – wie dem Anzünden von Kerzen – verwischen ebenfalls die Grenzen zwischen christlichem und profanem Ritual. Angesichts des erloschenen Lebenslichtes eines Mitmenschen hilft die Kerze, die eigene Sprachlosigkeit zu überbrücken und respektvoll Anteilnahme und Trauer zu bekunden, mit oder ohne christlichen Bezug. Auch die Grabkerzen an Allerseelen bzw. am Totensonntag bleiben ähnlich offen in ihrer Deutung. Sie signalisieren: Unsere Verstorbenen sind nicht in Vergessenheit geraten, wir halten ihr Andenken hoch und heilig.
Einen ähnlichen, stark in Anspruch genommenen Brauch stellen die Kerzen und Blumen dar, die die Menschen nach Attentaten, Unglücksfällen an den Unglücksort stellen, als Zeichen ihrer tiefen Betroffenheit. Zugleich spendet dieses Ritual beiden Seiten Trost: den unmittelbar Betroffenen, den Verwandten wie den Anteilnehmenden. Dieser Brauch will zu verstehen geben: »Ich bin bei dir, nehme Anteil an deinem Schmerz und trage das Un-Aussprechbare mit dir.«

Die Heilkraft von Feuer und Licht

In Ritualen und dem Symbol Feuer und Licht lebt und wirkt die heilsame Verbindung zwischen Gott und Mensch. Der Gegensatz von Finsternis und Licht hat die ersten Christen in Zeiten der Verfolgung sehr angesprochen. Das zeigen die entsprechenden Abschnitte im Neuen Testament. Hatte Jesus nicht selbst gesagt: »Ich bin das Licht der Welt. Wer mir nachfolgt, wird nicht in der Finsternis umhergehen, sondern wird das Licht des Lebens haben« *(Joh 8,12)*. Hat sich das bewahrheitet? Der spannungsvolle Licht-Dunkel-Kontrast und diese Frage treiben uns heute noch um, vor allem in der dunklen Jahreszeit, im Advent, zur Weihnachtszeit bis Lichtmess. Wie von selbst meldet sich die Sehnsucht nach Helligkeit, der Wunsch, ein Gegengewicht zum Grau des Alltags zu schaffen und den Nächten Glanzlichter aufzusetzen. Die Heilkraft des Lichtes trifft sozusagen ins Schwarze.

Licht vertreibt Dunkelheit …

… schafft Klarheit und Orientierung. Mit dem Advent beginnt das Kirchenjahr, mit Lichtmess endet der Weihnachtsfestkreis. Adventskranz, Christbaum, Heilige Drei Könige (Sternsinger), Maria Lichtmess, das sind die markanten Punkte. Das Interessante an dieser Zeit ist: Sie lässt uns über unsere Sinne entdecken: Dunkel und Licht, Nacht und Tag, Kälte und Wärme bedingen sich wechselseitig, sind nicht voneinander zu trennen. Der Lauf der Gestirne Sonne, Mond und Erde gibt den Lebensrhythmus mit den vier Jahreszeiten vor. Das hat das Christentum aufgegriffen in den christlichen Festterminen: Weihnachten ist stets datiert auf den Tag der Winter-Sonnenwende und Ostern auf den ersten Sonntag nach dem ersten Frühlingsvollmond.

Die Kerzen des Adventskranzes bedeuten Licht in der Dunkelheit und die Orientierung an Jesus, dem Licht der Welt. Für jeden Sonntag in der Adventszeit steht eine Kerze. Die Zahl vier hat eine große Bedeutung in der Ordnung der Welt und im Christentum: Es gibt vier Himmelsrichtungen, vier Jahreszeiten, vier Altersstufen (Kind, Jugendlicher, Erwachsener, Alter). In der Zahl vier ist alles enthalten. Deshalb weist auch sie auf die neue, bessere Welt hin, die von Gott kommt. Mit jeder Adventskerze wird es heller. Die Hoffnung wird stärker, das Licht sichtbarer, Gottes Ankunft klarer und deutlicher. Der offizielle Segenstext der Adventskranzkerzen lautet: »Gott, du hast uns deinen Sohn als Licht der Welt gesandt. Segne diese Kerzen. Sie mögen uns in den Tagen des Advents an Jesus Christus erinnern, der jeden Menschen erleuchten will. Wie wir an jedem Sonntag ein neues Licht an diesem Kranz entzünden, so lass uns in der Liebe Christi wachsen.«[26]

Es heißt nicht: In der Liebe *zu* Christus, sondern *in* der Liebe Christi. Wir dürfen also *in* seiner Liebe, seiner wärmenden Nähe wachsen und aufblühen wie die Barbarazweige. Auch ein wunderbarer, heilsamer Zuspruch in dunkler, kalter Jahreszeit, mehr noch in privaten oder gesellschaftlichen Krisenzeiten. Es steckt so viel Verheißung und Güte in diesem Kerzenlicht. Es heilt, wenn es uns zur Ruhe bringt im Stress, wenn es depressive Anwandlungen stoppt und uns Land sehen lässt.

In dieser Liebe und Geborgenheit, um die das Segensgebet bittet, kann sich Aufgewühltes beruhigen, und Sorgen kann der richtige Platz zugewiesen werden. Gedanken können sich klären mit dieser Gelassenheit und dem Wissen, dass wir aufgefangen sind. So ist es möglich, sich zu orientieren im Dickicht unseres Alltags.

Das Dreikönigsfest, das Weihnachtsfest der orthodoxen Kirchen, bringt den Stern als Orientierungshilfe ins Spiel *(Mt 1,1–12)*. Es ist eine geheimnisvolle, mythenhafte Erzählung um einen Stern, um die suchenden Weisen, vielleicht Astronomen, und die Führung durch diesen Stern. Der Stern weist den Weg durch die Fin-stern-is, durch dunkle, kalte Nächte bis ins Ziel. Die Gruppe der Suchenden lässt sich von nichts beirren, auch wenn der Stern einmal nicht sichtbar ist, flexibel und doch voller Vertrauen sind sie Gottsucher. Der Stern, dem die Weisen gefolgt sind, wird zu unserem Stern und Wegweiser. Unsere Pläne und Visionen finden ihren Weg und nehmen Gestalt an.

Licht hat immer mit Energie zu tun, ist materielos, nicht dingfest zu machen. Es ist etwas, was uns antreibt (motiviert), fasziniert, auf neue Wege lockt. Licht als geistiger Kraftspender, so könnte man es nennen. Und wenn Jesus sagt: »Ich bin das Licht der Welt«, spricht er von seiner besonderen Beziehung zu Gott, von dem alle Energie ausgeht, dem Kraftspender, dem Motivator – fürs tägliche Leben und alles, was es mit sich bringt. Gott ist unser Beweger, der uns mit seinem göttlichen Funken beseelt und so die Dunkelheit vertreibt und Klarheit und Orientierung möglich macht.

Impuls

In dunklen Zeiten nicht aufgeben und um Klarheit und den Weg ringen. Dunkelheit und Kälte kennen Sie in Ihrem Leben auch: Da misslingt eine Sache nach der anderen, da wird jeder Versuch einer Kontaktaufnahme abgelehnt, da verschwimmen Ziele und Maßstäbe – einsam, die Orientierung verloren, Leitlinie und Maßstab nicht zu sehen. Im Kopf und im ganzen Menschen herrscht nur Tohuwabohu. Das sind Situationen im Leben, in denen Menschen verzweifelt suchen und ringen. Mit der Dunkelheit kommt die Kälte der unerfüllten Sehnsucht, der fehlenden Wertschätzung, der Erniedrigung und Demütigung. Kein Weg ist mehr sichtbar.
Vielleicht erinnern Sie sich: Da war irgendwann einmal ein Stern, eine Überzeugung, eine reflektierende Leitplanke, ein Mensch, eine Gruppe mit gleicher Gesinnung, die gezeigt hat, wo der Weg langgeht. Diesen Stern der Orientierung gilt es wieder auszugraben, um sich wieder ausrichten zu können und weiterzukommen.

Was ist Ihr Stern? Was zieht Sie?
Was zeigt Ihnen den weiteren Weg?
Wie können Sie Ihren Stern wieder ausgraben, oder haben Sie auch schon erlebt, dass plötzlich so ein Orientierungsstern aus dunkelstem Himmel aufgetaucht ist (ein lieber Mensch, ein tröstendes Wort, eine Umarmung)?

Graben Sie nach dem Stern, und verlieren Sie ihn nicht aus den Augen!
Würden Sie aufgeben wollen ob der Verheißung des Sterns?

Licht weckt Hoffnungsschimmer …

… und ermöglicht einen Neuanfang. Das Weihnachtsevangelium der Christmette nach Lukas erzählt von frierenden Eltern, müden Hirtenjungen, einem Engel, umstrahlt vom »Glanz der Herrlichkeit«. In der Mitte der Nacht ein Hoffnungsschimmer, ein Kind in Windeln im kalten Stall. Ein jämmerlicher Neuanfang, nicht nur für das Neugeborene. Was macht das mit den Umstehenden und ihrer Dunkelheit? Der frühere Bischof von Limburg, Franz Kamphaus, fordert dazu auf: »Macht's wie Gott – werdet Mensch!« Wie der eine, der einen Hoffnungsschimmer und Neuanfang gesetzt hat und freiwillig Mensch geworden ist – und was für einer! Vielleicht wird diese Aufforderung klarer, wenn wir die Geschichte von Jesu Geburt umschreiben und meditieren:

Ein Kind kommt zur Welt
Ein Neuanfang
zur Freude der Eltern.
Freuen sich auch die anderen?
Die Geschwister?
Sie müssen enger zusammenrücken.
Alle müssen Platz machen im Haus
und auch in ihrem Herzen.
Aber sie gewinnen eine Schwester
Und es ist gut, eine Schwester zu haben
die Platz hat in ihrem Herzen.

Ein Kind kommt zur Welt
Ein Neuanfang
zur Freude der Eltern
der Engel und Hirten.
Freuten sich auch die anderen?
Die Reichen und Mächtigen?

Sie fühlen ihre Macht geschmälert
durch ein Kind!
Sie haben keinen Platz
schon gar nicht in ihrem Herzen!
Aber wir alle gewinnen einen Bruder
und es ist gut einen Bruder zu haben
der Platz hat in seinem Herzen
für alle.

Norbert Weidinger

Ein Hoffnungsschimmer in Dunkelheit und Kälte, und dann dieser Neuanfang!
Wo ist der Hoffnungsschimmer in Ihrem Leben gerade?
Reicht er für einen Neuanfang?

Halten Sie Ausschau nach Ihrem Hoffnungsschimmer!
Die Heilkraft des Lichtes ermutigt Sie zum Neuanfang!

Lesung für das Weihnachtsfest

Licht und Feuer fordern dazu auf, sich unterbrechen zu lassen und dem ganz anderen Raum zu geben. Eine der Lesungen des Weihnachtsfestes ist Jesaja *(Jes 9,1.5)* entnommen. Dem Volk (wir), das im Dunkeln lebt (die wir im Dunkeln leben), erstrahlt ein helles Licht: »Du machst laut den Jubel, groß die Freude …; denn ein Kind ist uns geboren, ein Sohn ist uns geschenkt. Man gibt ihm die Namen Wunderrat, Gottheld, Ewigvater, Friedensfürst.« Ein Kind als Friedensfürst? Wunderrat? Ewigvater? Undenkbar! Unerklärlich! Mit dem Menschenverstand nicht zu begreifen. Und doch etwas, was die Menschen im Innersten ihres Herzens anspricht und betrifft. Wer denkt da nicht an das herrliche Weihnachtsoratorium von Johann S. Bach! Vertonte Weihnachtsfreude, die das Herz höherschlagen lässt und den

Körper warm durchflutet. Das ganz andere bricht sich Bahn, nicht nur im Wort, sondern auch in der Musik, in Emotionen, im Unsagbaren, die Heilkraft des Lichtes macht sich breit, und Jubel bricht aus dem Herzen. Welch eine Verwandlung!

Impuls

Die Feuer-und-Licht-Symbolik der Advents- und Weihnachtszeit entfaltet ihre heilsamen Kräfte, wenn Sie sich unterbrechen lassen und die Advents-Herzenstürchen öffnen,

- damit es hell werden kann und Wärme und Licht spürbar und an andere weitergegeben werden können, damit die Herzenskälte schmilzt.
- indem Sie sich ermutigen lassen, in Ihrer Heimatlosigkeit, im Kampf mit sich selbst und mit anderen dem Rat des Propheten Jesaja zu folgen: die Waffen umschmieden in Friedenswerkzeuge, selbst wenn sich nur ein winziger Hoffnungsschimmer am Horizont ausmachen lässt.
- indem Sie sich Menschen guten Willens anschließen und so Ihre eigene Einsamkeit hinter sich lassen, mit anderen den Trost und die Freude dieser Festzeit teilen, Heilkraft daraus schöpfen.

Feuer lehrt Loslassen und Neuland zu betreten

Für die meisten Menschen ist die tiefste Finsternis, die sie jäh überfallen kann, eine schwere Krankheitsdiagnose oder der völlig unerwartete Tod eines geliebten Menschen. Ein schwarzes Loch tut sich auf. Der Frage, was nach dem Tod passiert, stets auszuweichen und sie nicht an sich heranzulassen, macht die Sache nicht leichter, vergeudet viele Abwehrkräfte.

Neulich hat uns der Jesuitenpater Andreas Batlogg in seinem Buch »Durchkreuzt« auf den jahrtausendealten *Psalm 90* aufmerksam gemacht: »Unsere Tage zu zählen lehre uns!« Batlogg reflektiert seinen Weg, sein Ringen mit Gott vom Tag der Krebsdiagnose bis zu den ersten Heilungserfolgen.[27]

Mit Krankheit lässt sich sehr unterschiedlich umgehen: die Ursachen bei den Vorfahren suchen – als Erblast im übertragenen Sinn – (auch wenn es keine genetisch bedingte Krankheit ist); die Ursache bei eigenem fehlerhaftem oder dem fehlerhaften Verhalten anderer erkennen; aufheulen und klagen oder stumm und starr werden vor Angst; sich vergraben, verbittern ob des Schicksals, gleichgültig, apathisch werden, weil man ja doch nichts ändern kann.

Eine neue Sichtweise bekommen, heißt: mutig Neuland betreten (anderen Gedanken Raum geben, sich anderen Verhaltensweisen öffnen und sie ausprobieren), auch Ungeahntes zulassen und wahrnehmen.

Um Neuland betreten zu können, muss Altes los- und hinter sich gelassen werden. Das ist manchmal schmerzhaft und radikal, wenn beispielsweise eine Beziehung zerbricht, ein Schicksalsschlag einen lieben Menschen von unserer Seite reißt.
Als Ritual für dieses Loslassen (das ohne Feuer nicht möglich wäre) folgt in der katholischen Kirche dem Faschingsende der Aschermittwoch. In der Form eines Kreuzes wird den Gläubigen eine Prise Asche (aus verbrannten Palmzweigen des vorjährigen Palmsonntags) auf den Kopf oder die Stirn gestreut mit dem Spruch: »Bedenke Mensch, dass du Staub bist und zum Staub zurückkehrst!« *(Gen 3,19)*. Das Symbol der Asche als Zeichen für endgültiges Loslassen begleitet Christen die 40 Tage der Fastenzeit. 40 Tage loslassen üben – von alten unguten Gewohnheiten, von Hetze und schlechter Laune, von Schnoddrigkeit und Unachtsamkeit, von erschöpfenden Lebensstilen.
Und dann dieses Neuland, das Osterfeuer – nachts, kurz vor Sonnenaufgang! Mit dem Ruf »Christus, das Licht« wird die Osterkerze am Osterfeuer entzündet und in die Kirche getragen. Der Neuanfang ist geschenkt, aufstehen, auf-er-stehen mit dem Osterlicht.

Eine neue Sicht an Ostern

Im Osterevangelium nach Matthäus *(Mt 28,1–10)* gehen zwei Frauen beim ersten Sonnenlicht, der Morgenröte, zu Jesu Grab, um ihm durch Salbung des Leichnams die letzte Ehre zu erweisen. Aber an Jesu Stelle treffen sie auf einen Engel – Symbol der Nähe und schützend-begleitenden Kraft Gottes. Er wälzt den schweren Stein vom Grab. »Seine Erscheinung war wie ein Blitz und sein Gewand weiß wie Schnee.« Und er sprach zu den Frauen: »Fürchtet euch nicht. Ich weiß, ihr sucht Jesus, den Gekreuzigten. Er ist nicht hier; denn er wurde auferweckt, wie er gesagt hat … Geht sofort zu den Jüngern und sagt ihnen: Er ist von den Toten auferweckt!«

Auferweckt ist der Name für das Neuland, das es zu beschreiten und zu beschreiben gilt. Dafür steht der Engel. Wie Mose am Ende seiner Tage vom Berg Nebo aus einen Blick ins verheißene, gelobte Land werfen, es aber nicht betreten darf, so geht es uns Christen an Ostern mit der Osterbotschaft. Wir glauben an die Auferstehung, aber wir haben nur eine Vorahnung. Der Engel und der auferweckte Jesus Christus bürgen dafür, dass nach dem Tod, auch nach unserem Tod, nicht einfach alles aus ist, sondern totales Neuland auf uns wartet. Das Wort Paradies hat seither für Christen einen ganz anderen Klang und enthält die Frohbotschaft aller Frohbotschaften; denn dieses Wort umschreibt das *Neuland,* das uns erwartet.

Das Neuland bekommt eine Gestalt – den Engel. Kennen Sie Engel, die eine frohmachende, ermutigende Botschaft überbringen durch ihr Dasein, durch ein Lächeln, durch ein Wort, durch eine Berührung oder einen Blick? Gewiss haben Sie das schon erlebt. Spüren Sie doch diesem Gefühl nach, und erahnen Sie ein bisschen, wie sich Neuland anfühlen könnte.

Die Heilkraft dieser Symbolik liegt im Mut, Altes loszulassen und Neuland zu betreten, Neues auszuprobieren, mit erhobenem Haupt und einem Lächeln auf den Lippen neue Reaktionen auf Unangenehmes auszuprobieren, unserem Körper, der Seele und dem Geist neue Nahrung zu geben, im Schärfen des Blickes, in Bezug auf die Unterscheidung von Wichtigem und Unwichtigem, als Weg, neues Land zu betreten.

Feuerzungen lösen die Angststarre …

… und stiften Einheit in Verschiedenheit. Wir denken bei dieser Überschrift an ein Bild von El Greco. Ein hochformatiges Ölgemälde mit starken Hell-Dunkel-Kontrasten, am oberen Ende abgerundet wie ein Gewölbe, dennoch rechteckig gerahmt. Ganz oben schwebt in einem weißen Halbrund die weiße Taube, das übliche Erkennungszeichen für den Heiligen Geist. Darunter ein fast schwarzes Feld, in dem zehn Feuerflammen über einer sichtlich ekstatisch bewegten Menschengruppe schweben. Deren Gestalten verlängern und vergrößern sich nach unten. Dadurch entsteht der Eindruck, als streckten sich alle Personen nach oben. Alle – bis auf eine – richten ihren Blick gen Himmel, aber jede auf ihre Weise. Jede findet ihren Ausdruck und ihren Platz in dieser Gemeinschaft. Die Gestalten scheinen etwas überzeichnet in ihrer Gestik und Mimik, im Faltenwurf ihrer wallenden Gewänder, in den unterschiedlichen Farben: ergriffen und entrückt zugleich. Die meisten öffnen ihre Handflächen weit, breiten ihre Arme aus, zeigen sich empfangsbereit. In der Mitte, halb sitzend, halb stehend, mit gefalteten Händen, Maria, die Mutter Jesu, und daneben eine weitere Frau. Eine Botschaft strahlt uns aus diesem Gemälde unübersehbar entgegen: Die Totenstarre hat sich gelöst und in Bewegung verwandelt! Ausgelöst von ganz oben! Einige sind schon Feuer und Flamme.
Sehen Sie das Bild innerlich vor sich? Verweilen Sie doch ein bisschen darin. El Greco hat die *Ausgießung des Heiligen Geistes* gemalt … ein Pfingst-Gemälde.

Pfingsten schließt am fünfzigsten Tag (griech. *pentekoste hemera* = fünfzigster Tag) nach Ostern den Osterfestkreis ab. Weil das Fest in einem unverkennbaren Zusammenhang mit einem Lebensfest steht, betrachten wir es hier genauer. Dazu gibt es eine starke biblische Geschichte über die Überwindung von Angst und Gleichgültigkeit. Die Pfingsterzählung. Das Wirken des Heiligen Geistes steht im Mittelpunkt, in den Zeichen von Feuerzungen und Sturm *(Apg 2,1–11)*. Diese geballte Symbolsprache gibt dem Pfingstfest – nein uns! – eine gewaltige Dynamik.

Berichtet wird von den Hauptakteuren, den Freunden und Freundinnen Jesu: Sie schlossen sich ein, voller Angst, verriegelten die Türen, bauten Riesenmauern um sich, wollten nichts sehen und hören. Sie verharrten in einer Schockstarre. Denn ER war weg. Was Auferstehung bedeutet, konnten sie noch nicht fassen. Eine Überforderung. Ein totaler Zusammenbruch ihres Weltbildes.

Genau da bricht sich die geballte Dynamik des Heiligen Geistes Bahn: das Sprachenwunder im Zeichen von Feuerzungen und Sturm, mitten in die Angststarre hinein. Die Heilkraft der Feuerzungen ist mehr als deutlich. Sie fordert: Brich auf! Reiß die Mauer ein, beweg dich! Sag, was dich beseelt und höre, was die anderen beseelt! Jetzt ist das Ende der babylonischen Sprachenverwirrung eingeläutet! Plötzlich herrscht Einheit in der Verschiedenheit. Alle verstehen die anderen in ihrer Sprache. Die Freunde Jesu leiden – würde man heute sagen – neun Tage an einer tiefen Depression. Der Geist Gottes heilt sie. Sie werden mutig und verkünden die Großtaten Gottes öffentlich und miteinander, als zusammengeschweißte Gemeinschaft.

Gibt es auch bei Ihnen Mauern, die Sie aus lauter Angst gebaut haben? Und kennen Sie diese Starre, das fehlende Leben, die fehlende Lebendigkeit, weil Angst Sie in die Gleichgültigkeit zwingt? Stumpfheit stellt sich ein. Damit tut alles nicht mehr so weh.

Ist das so? Muss das so sein? Nichts zu machen, nichts zu ändern? Oder gibt es den Gedanken: Ich lasse mich von meiner Angst nicht beherrschen!

Es geht vielleicht nur um einen kleinen mutigen Schritt. Es gelingt vielleicht, die Mauer an einer Stelle etwas zu öffnen für eine andere Aus-Sicht und neuen Wind im Rücken. Es ist vielleicht möglich, die Sprache des anderen mit anderen Ohren – Herzensohren – neu zu hören, vielleicht endlich ein bisschen zu verstehen.

Pfingsten, das Fest der Ausgießung des Geistes ermutigt zum Aufbruch. Dazu braucht es Mut, Stärkung und den Beistand durch den Heiligen Geist. Firmung und Konfirmation sind – so gesehen – unverkennbar ein kleines, ganz persönliches Pfingstfest mitten im Umbruch der Pubertät. Eine Stärkung durch die Handauflegung bzw. die Salbung mit Öl und den Spruch: »Sei besiegelt durch die Gabe Gottes, den Heiligen Geist!«

Rückenwind für den weiteren Lebensweg, eine Intensivierung der persönlichen Beziehung zu Gott, ein Zeichen der liebevollen, wertschätzenden Nähe Gottes, der für diesen jungen Menschen da sein, ihm Beistand leisten wird, sobald er gerufen und gebraucht wird. Das ist der Grundstein für eine gute Zukunft. Eine Bestärkung der persönlichen Menschenwürde auf Gegenseitigkeit. Das beinhaltet auch so etwas wie den Auftrag, mithilfe der geschenkten Geistesgaben etwas aus den eigenen Talenten zu machen zum Wohl aller Menschen. Insofern ist dieses heilsame Ritual (Konfirmation bzw. Firmung) geeignet, nach innen die Persönlichkeit, das Selbstbewusstsein des jungen Menschen zu stabilisieren und zu fördern – und nach außen Zivilcourage und Engagement, Eigenständigkeit und Sozialfähigkeit zu zeigen aus der Beziehung zu Gott. Ein Leben lang, jeweils ganz persönlich mit den eigenen Gaben.

Impuls

Sind Sie gefirmt oder konfirmiert? Können Sie sich noch daran erinnern? Erinnern Sie sich vielleicht an Ihren Konfirmationsspruch? Ist er noch in Ihrem Herzen lebendig? Lassen Sie sich neu begeistern – wie die Freunde Jesu damals! Das bringt der nachfolgende Text zum Ausdruck.

Wenn der Geist sich regt, der Leben schafft
unverständlich noch, doch voller Kraft,
überwindet mutig die Distanz
stehet auf und reicht die Hand zum Tanz!
Wenn der Geist sich regt und Feuer legt
und verbrennen will, was ihr noch pflegt,
gebt ihm Raum, errichtet nichts, was trennt,
Feuer warf ER auf die Erde, dass es brennt.

Wenn der Geist sich regt
ein Sturm aufzieht,
in die Segel bläst,
reißt alles mit:
springt ins Boot und helft dem Steuermann
dass mit voller Kraft es vorwärtsgehen kann.

Norbert Weidinger

Pflanzen, Bäume, Weihrauch und Öl

Gerade Heilpflanzen sind seit Jahrhunderten in der Naturheilkunde, in der Medizin wie in der spirituellen Tradition hoch geachtet. Pflanzen prägen unser Leben. Nach heutigen Schätzungen wachsen bis zu 20 Millionen Pflanzenarten auf der Erde. Sie leben wie wir Menschen von Wasser, Licht, Erde und Wind. Wir ernähren uns von ihnen. Sie kleiden uns und versorgen uns zunehmend mit Energie. Pflanzen entspannen die Seele, können heilen und beeinflussen das Wetter. Aus ihnen lassen sich Gebrauchsgegenstände herstellen wie Teller aus Zuckerrohr. Da die medizinische Wirkung von Pflanzen auch von Schafen oder Vögeln instinktiv genutzt wurde, geht man davon aus, dass auch Primaten und Menschenaffen das bemerkten. Die Verwendung von heilenden Pflanzen und Heilkräutern ist dementsprechend so alt wie die

Menschheit selbst. Jede Kultur griff zu bestimmten Pflanzen zur Linderung von Beschwerden. Manche Pflanzen, die ursprünglich wichtige Heilkräuter waren, werden heute als Genussmittel geschätzt (so zum Beispiel Kaffee) oder als Würzkräuter beim Kochen (wie Zimt, Pfeffer, Salbei).
Schon die Jäger und Sammler in der Jungsteinzeit setzten Pflanzen zur Heilung ein. Ein Beweis dafür ist die Gletschermumie Ötzi (vermutlich 5300 Jahre alt). Bei ihm wurden Birkenporlinge gefunden. Dieser Pilz hilft unter anderem gegen Magen-Darm-Beschwerden.

»Es hat seine Haut, das ist die Rinde; sein Haupt und Haar sind die Wurzeln; es hat seine Figur und seine Zeichen, seine Sinne und die Empfindlichkeit im Stamme. Sein Tod und sein Sterben sind die Zeit des Jahres!«

Paracelsus

Obwohl Bäume eigentlich nichts anderes als verholzte Pflanzen sind, umgibt viele dieser Exemplare ein besonderer Nimbus. Die Kelten, die in Einklang mit der Natur lebten, kannten sieben heilige Bäume. Auch die Bäume der Germanen hatten ihre Bedeutung: die Eiche als Symbol für Kraft und Ewigkeit, die Buche als Mutter des Waldes, die Schutz, Weisheit und Wissen bietet. In den Mythen fast aller Völker und Religionen wird Bäumen ein Ehrenplatz eingeräumt.
Baum und Mensch sind sich von jeher sehr nahe. Der Baum steht aufrecht, wächst, vergeht, hat seinen Sommer, Herbst, seinen Winter und seine Blütezeit. In der Wurzel liegt der Urgrund, der am Boden hält. Der Stamm strebt dem Himmel entgegen, und die Zweige greifen in alle Richtungen Raum. Wenn der Mensch keinen Urgrund hat, ist er entwurzelt, verliert den Boden unter den Füßen. Der Stammbaum als nachvollziehbarer Herkunftsnachweis ist vielen Menschen sehr wichtig. Die Verzweigungen und Verästelungen beschreiben sein Suchen und Ausstrecken nach Höherem. Und schließlich wird der Mensch als die Krone der Schöpfung bezeichnet. Diese ursprüngliche Verbindung

zwischen Baum und Mensch bezeugen die altnordische Liedersammlung Edda und viele Redewendungen bis heute.

Pflanzen und Bäume helfen heilen

Pflanzen, Heilpflanzen und heilkräftige Bäume lassen sich in der freien Natur finden. Seit Langem aber werden sie auch in Gärten angebaut und gepflanzt, einem Ort für den Heilpflanzenanbau, zum Beispiel dem (Kloster-)Garten, der für viele Menschen ein Heilort ist. Immer mehr Therapeuten erkunden, auf welche Weise der Umgang mit Pflanzen und Bäumen Körper, Geist und Seele guttut.
Allerdings ist schon aus dem alten Ägypten überliefert, dass die Hofärzte psychisch gestörten Mitgliedern der Pharaonenfamilien Gartenspaziergänge verordneten. Auch im Mittelalter nutzten Heilkundler die Gartentherapie bei der Behandlung seelisch angegriffener Patienten. Ab dem späten 18. Jahrhundert wurden Gärten fester Bestandteil vieler Nervenheilanstalten. Heute finden Manager und Gestresste Ruhe in Zengärten, Demente, Blinde und psychisch Labile Erholung und Erleichterung ihres Heilungsprozesses in eigens angelegten Rekreationsgärten. Dort können die Sinne neu entdeckt, Düfte und Gefühle erlebt und die beruhigende Kraft der Pflanzen aufgesogen werden. Unter heilkräftigen Bäumen kann die Seele baumeln.

Heilpflanzen im Alltag

Heilkräftige Pflanzen und Bäume umgeben uns. Eigentlich bewegen wir uns täglich in Gottes Apotheke. Ob Brennnessel, Ringelblume oder Wegwarte (die Heilpflanze des Jahres 2020) oder ob Sträucher und Bäume wie der Oliven- und Weihrauchbaum, ob bei uns heimisch oder in anderen Ländern: Menschen nutzen auf der ganzen Welt die Heilkraft der Natur. Weil im christlichen Bereich Räuchern und Öl eine besondere Rolle spielen, schauen wir uns den Oliven- und Weihrauchbaum besonders an.

- **Weihrauchbaum:** Myrrhebaum und Weihrauchbaum gehören zur gleichen Familie und unterscheiden sich kaum voneinander. Weil das Gummiharz des Weihrauchbaumes balsamisch und würzig, leicht zitronig und süßlich riecht, ist es gefälliger als der bittere Myrrheduft. Deshalb wird es in der kalten Jahreszeit gern auch privat verwendet. In verschiedenen Religionen, auch in der katholischen und der orthodoxen Kirche, wird es seit Mitte des ersten Jahrtausends bei Kulthandlungen verwendet. Gern räuchert man dabei mit Weihrauch, vermischt mit anderen Räuchermitteln (zum Beispiel eben mit Myrrhe oder Wacholder). Ein Sprichwort sagt: »Der Weihrauch des Lobs treibt das Dampfschiff junger Genies.«

- **Olivenbaum:** Er muss im Zusammenhang genannt werden, denn Olivenöl wird mit wohlriechendem Weihrauchbalsam und Myrrheöl gemischt in vielen christlichen Kirchen als Salböl im Gottesdienst verwendet. Der Ölbaum galt im antiken Griechenland als heiliger Baum. Niemand durfte ihn fällen, denn er war der Göttin Athene (Athens Stadtgöttin) geweiht. Der Sage nach soll sie auf der Akropolis den ersten Ölbaum gepflanzt haben. Auch war der Siegerkranz bei den Olympischen Spielen aus Ästen des Ölbaums gewunden. Bei Homer ist zu lesen, dass damals der Stiel der Streitaxt aus Olivenholz gefertigt war. Zusätzlich verwendete man das Öl, um den Körper zu salben. Allerdings war das Öl ein Luxusartikel und damit nur den Reichen und Vornehmen zugänglich. Um dies darzustellen, verteilte man insbesondere bei Hochzeiten und Gastmählern Öl-Kegel an die Gäste, die nach und nach kleine Mengen an Duftöl abgaben.
  In der Bibel kommen Ölbaum, Ölzweig und Öl häufig vor. Unter anderem bei der Landung der Arche Noah: »Die Taube hatte in ihrem Schnabel einen frischen Ölzweig« *(Gen 8,11)*. Auch im Koran finden Ölbaum und Öl Beachtung: »… und wir haben dadurch Pflanzen jeder Art hervorgebracht … und die Öl- und Granatapfelbäume« *(Sure 6,99)* …
- **Oliven und ihr Öl:** Wegen ihrer Bitterkeit sind Oliven roh ungenießbar. Sie müssen erst mehrmals in Wasser gebadet oder in Salzlake gelegt werden, bevor sie essbar werden.

Im Wellnesssektor und kosmetischen Bereich hat Olivenöl ein hohes Ansehen als (warmes) Massageöl, das die Durchblutung fördert und ein Rundum-Wohlgefühl vermittelt.
Medizinisch leistet Olivenöl hervorragende Dienste als reines Öl. Außerdem wird es in Körperölen, Salben, Cremes und anderen Produkten verarbeitet.

Impuls

Die Bitterkeit der Olive: Sie muss mehrfach gewässert werden, bevor sie genießbar wird. Das Leben – voll Bitterkeit – was könnte das Wasser sein, das die Bitterkeit wegnimmt und das Leben genießbar macht? Vielleicht die Dankbarkeit? Vielleicht das Vertrauen? Vielleicht die Liebe?

Räuchern: die besondere Heilwirkung

Das Entzünden von Räucherwerk gehört zu den ältesten rituellen Praktiken der Menschheit. Dem Rauch wurden magische und medizinische Eigenschaften zugeschrieben. Schon in vielen prähistorischen Hinterlassenschaften fanden sich Verklumpungen von Harzen (von Kiefer, Fichte, Tanne, Eibe und Wacholder) und Pflanzenüberresten.
Der Duft der Fichte beispielsweise galt im Mittelalter als heilsam bei Seuchen. Weil ihr ätherisches Öl keimtötend, schleimlösend und entzündungshemmend wirkt, wurden die Räume zur Desinfektion und Reinigung mit Fichtenharz ausgeräuchert. Kiefernharz wurde *Waldweihrauch* genannt.

Olivenöl: Salben und Salbungen

Der Brauch des Salbens breitete sich durch den phönizischen Handel und die Handelskontakte Europas mit Ägypten und dem Perserreich nach Westen hin aus. Den Menschen im Altertum diente das Salben des Körpers dazu, die Elastizität der Haut zu sichern. Die dünne natürliche Fettschicht der menschlichen Haut reichte als Schutz bei extremen Wetterbedingungen nicht aus. Ebenso konnte in wärmeren Gegenden die spärliche Kleidung der extremen Sonneneinstrahlung

und dem Sand nichts entgegensetzen. Deshalb war es nötig, sich regelmäßig mit Fetten oder Ölen einzureiben.
Kranke und Tote zu salben war schon immer Tradition im Orient. Öl diente auch zu höheren Zwecken: Im alten Israel wurden die Könige Saul, David, Salomo gesalbt und dadurch ihre göttliche Erwählung besiegelt. Noch 1953 wurde die britische Königin Elisabeth II. anlässlich ihrer Krönung gesalbt. Von Mönchen mit heiligem Wasser gereinigt und gesalbt wurde 2016 der neue thailändische König.

Redewendungen, Sprichwörter, Volksmund

- **Jemand ist aus gutem Holz geschnitzt:** Im Alltagsleben war das Holz früher ein wichtiger Rohstoff nicht nur zum Kochen und Heizen, sondern auch als Baumaterial. Schlechtes Holz taugte nicht zum Feuermachen, es hatte keinen Kern, der Wärme herbrachte, die Belastbarkeit für Behausungen war zu gering, es knickte zu schnell ein und vermorschte leicht. Gutes Holz dagegen war ein unentbehrliches wertvolles Gut. Der Mensch, der aus gutem Holz geschnitzt ist, ist unentbehrlich und wertvoll. Seine Belastbarkeit, seine Eigenschaften, sein Charakter und seine inneren Qualitäten entsprechen einem guten Holz, das lebensnotwendig ist.
- **An seinen Früchten erkennt man den Baum:** Dieses Sprichwort entstammt der Bibel: »Setzt entweder einen guten Baum, so wird die Frucht gut; oder setzt einen faulen Baum, so wird die Frucht faul. Denn an der Frucht erkennt man den Baum« *(Mt 12,33)*.
  An dem, was ein Mensch tut und zeigt, lässt sich ablesen, welche innere Haltung er hat, was ihm wichtig ist, was sein innerer Kompass ist.

Impuls

Ein guter Baum, gute Wurzeln, gute Erde: meine Wurzeln, meine Erde … Gute Früchte: meine Früchte: Wie heißen sie? Sind sie gut? Tun sie gut – mir, den anderen? Gibt es ausgereifte Früchte, gibt es unreife? Brauche ich noch etwas für einen guten Baum und gute Früchte?

- **Sich selbst beweihräuchern:** Wer dies tut, jubelt sich selbst hoch, misst sich und seinem Tun eine Wichtigkeit bei, die nicht ganz der Wahrheit entspricht. Er betont, wie toll er das oder jenes geschafft hat, um Anerkennung und Beifall von den anderen zu bekommen. Oft haben Selbstbeweihräucherungen etwas Peinliches.
- **Das ist Balsam für die Seele:** Balsam ist etwas Wohltuendes zunächst für den Körper. Wohlriechend und ölig-dickflüssig hüllt er den ganzen Menschen ein in seinen Duft. Das Gleiche lässt sich auch sagen für die Psyche. Einen Menschen einhüllen in Wohltuendes, Wärmendes, Wohlriechendes mit Worten und Gesten, im Mitleiden und Mitleben. Das ist dann Balsam für die (oft) geschundenen, von anderen missachteten Gefühle. Balsam für die Seele ist warme Wertschätzung in einen Duft gehüllt.

Die Heilkraft von Weihrauch

Viele Religionen haben die Bedeutung des Räucherwerks erkannt und in ihren Kult integriert. Ein Geruch, ein Duft hat immer etwas Erhebendes, Schwebendes, ist transparent und zugleich erfahrbar, geht über die Haut und in die Lunge. Der Geruchssinn, die Fähigkeit, einen Geruch, Duft wahrzunehmen, ist schon vorgeburtlich vorhanden. Der Rauch (lat. *fumus*) gilt als Zeichen der Reinigung, des Gebetes und der Nähe Gottes. Er verbindet uns nach oben zum Himmel, der Duft steigt auf (bei den Römern: *per fumum,* Parfüm). Duft ist eine religiöse Basiserfahrung.

Da Weihrauch als Kult zur Verehrung des römischen Kaisers, der Herr und Gott war, gepflegt wurde, lehnten die frühen Christen ihn ab und wurden zu Tode gemartert. Erst in der Spätantike, nachdem viele Riten des römischen Kaiserkultes in den christlichen Gottesdienst übernommen wurden, wurde Weihrauch akzeptiert.

Weihrauch fand deshalb erst allmählich Zugang in die christliche Liturgie – zunächst in Rauchpfannen, dann in Rauchfässern, und zwar als Heil- und Schutzmittel vor ansteckenden Krankheiten und zur Luftverbesserung, v. a. bei Begräbnissen. Erst viel später wurde Weihrauch als Sinnbild für das Aufsteigen der Gebete zu Gott oder – in Anlehnung an die Rauchsäule beim Exodus – als Zeichen für die Anwesenheit Gottes verstanden. In der katholischen Liturgie schwenken die Ministranten mit Begeisterung das Weihrauchfass, in dem eingelegte glühende Kohlestücke die Weihrauchharze verbrennen. An den Hochfesten Weihnachten, Ostern, Pfingsten, an vielen Marienfesten und Kirchweih umschreitet der Priester den Altar und das Prozessions-Kreuz mit Weihrauch. Dabei verweist das Räuchern sinnenhaft auf die Gegenwart Christi mitten unter uns wie auf die Zugehörigkeit der Gemeinde zu ihm. Eine besondere Rolle spielt Weihrauch bei der Weihe eines neuen Altares.

Die evangelisch-lutherische Kirche kennt den Gebrauch von Weihrauch als eine unverbindliche Zeremonie, die *nichts Besonderes* ist. Kurz vor Dreikönig sagte uns einmal eine Frau: »Die Sternsinger am 6. Januar, die ja in ökumenischer Tradition stehen, könnten mit ihrem Räucherritus einen problemlosen Übergang darstellen zum Weihrauchgebrauch auch für evangelische Christen. Das wäre doch auch schön für uns und würde so manchen Gottesdienst sinnlich bereichern …«

In der orthodoxen Liturgie ist Weihrauch ein unverzichtbarer Bestandteil. Nach altorientalischer Vorstellung ist eine Gottesbegegnung immer auch mit einem Dufterlebnis verbunden.

Die Drei Weisen oder Könige aus dem Morgenland hatten neben Gold auch Weihrauch und Myrrhe im Gepäck, um den neugeborenen König der Juden gebührend willkommen zu heißen.

Der tiefere Sinn hinter Duft und Rauch

Gehören Sie zu den Menschen, die »kurz mal weg« waren? Sind Sie über endlose Pilgerwege trotz vieler Blasen an den Füßen am Ort Ihrer Sehnsucht Santiago de Compostela angekommen? Dann kennen Sie das *Batafumeiro,* das riesige Rauchfass der Kathedrale: 1,60 m hoch, 54 kg schwer! Ein normales Weihrauchfass wirkt dagegen wie Kinderspielzeug. Sechs bis acht Männer lassen es zunächst an einem

Seil in der Kreuzung von Haupt- und Nebenschiff der Kathedrale herab und füllen es mit Weihrauch. Dann ziehen sie es hoch und bringen es mit viel Geschick und Kraft im Seitenschiff wie ein Pendel zum Schwingen – hoch über den Köpfen der Pilger hinweg. Ein unvergessliches Erlebnis! Fast wie Trockeneis, aber der Geruch ist viel besser! Wozu eigentlich Weihrauch in Pilgergottesdiensten? Natürlich in erster Linie der feierlichen Atmosphäre und des Glücksmomentes wegen: Endlich am Ziel! Vielleicht fallen Ihnen nach dieser Lektüre noch andere Gründe ein …

Weihrauch stärkt Sinne und Geistesgegenwart

Mit oder ohne religiösen Bezug sind auch bei uns Weihrauchstäbchen beliebt, weil sie Duft verbreiten, weil Rauch hochsteigt und sich dadurch die Raumatmosphäre verändert. Als natürliche Heilkraft kann der Weihrauch die Luft reinigen, den Mief verbannen und die Hygiene im Raum verbessern, Erleichterung verschaffen, aufatmen und schnuppern lassen, Festtagsstimmung verbreiten. Das aber ist nicht alles. Wer seine Sinne durch den Weihrauch öffnen lässt, erspürt und erkennt durch die veränderte Atmosphäre hindurch: Noch eine andere Kraft will mir begegnen, Kontakt aufnehmen, mich neu inspirieren durch ihre Nähe. Jeder Mensch ist eingeladen, sein Herz zu öffnen und in Worten, in einem Gebet oder Lied zum Ausdruck zu bringen, was ihn bewegt. Auf diese Weise hat er die Chance, in seiner Selbsterkenntnis zu wachsen und sicherer zu werden in seinem Handeln – eingehüllt in Weihrauchduft und -schleier. Auf natürliche Weise steigert sich das Empfinden für diese Heilkraft durch Umschreiten eines Raumes, Pilgern in einer Prozession, vielleicht sogar durch einen Tanz.

Weihrauch regt zum Beten an. Er entfaltet seine heilende Kraft, indem er unsere Gefühle und Gedanken sammelt und aufsteigen lässt zu Gott:

- In Santiago meine Freude, dass ich das Ziel meines Pilgerwegs erreicht habe.

- Bei Krankheit mein Vertrauen, dass Gott mich einhüllt wie der Weihrauchduft.
- Wenn ich unglücklich bin, trägt er meine Klage himmelwärts.

Eingehüllt in Weihrauchduft
spüre ich durch ihn hindurch deine Gegenwart, Gott.
Vom Rauch umnebelt
halte ich inne und werde still.
Ich atme ihn ein und aus – so nahe bist DU mir.
Schütze mich!
Gestärkt durch Rauch und Duft,
durch deine zarte Berührung
breche ich auf.
Begleite mich. Amen

Norbert Weidinger

Impuls

Wahrscheinlich haben Sie keinen Weihrauch zur Hand, aber vielleicht Räucherstäbchen. Dann könnten Sie sich eines anzünden und einfach spüren, wie es sich anfühlt. Wenn nur eine Kerze brennt, können Sie die kleinen Rauchschwaden, die kleinen Wölkchen, die glimmende Stäbchenspitze besser sehen! Fühlen Sie sich ein wenig eingehüllt? Und der Geruch? Verstärkt sich Ihr Wohlgefühl, wird es intensiver? Womit lässt es sich vergleichen?
Genießen Sie die Stille. Vielleicht mögen Sie am Ende den meditativen Text *Eingehüllt* nochmals für sich lesen. Diese Übung können Sie auch zu zweit oder in einer kleinen Gruppe durchführen.

Die Heilkraft von Chrisam

Da die Olive und das daraus gewonnene Öl die gesammelte Kraft der Sonne in sich birgt und gleichzeitig Ausdruck von Gesundheit und Kraft ist, wird Olivenöl in der Liturgie generell als Zeichen der Segensfülle und Fruchtbarkeit gedeutet.

Das Öl in der Lampe des »Ewigen Lichts« in der katholischen Kirche ist Ausdruck der Präsenz Gottes. Erst im 13. Jahrhundert kam der Brauch nach Europa. Das »Ewige Licht« war damals hauptsächlich von Olivenöl gespeist.

Impuls

Das Öl wird schon in einem alttestamentlichen Lied erwähnt, das wir sehr schätzen, und zwar im *Psalm 23*. Bobby McFerrin hat es wunderschön vertont. Der Originaltext von McFerrin unterscheidet sich deutlich von der deutschen Version. McFerrin verwendet ausdrücklich die weibliche Form für Gott *(»She makes me lie down in green meadows … Glory be to our mother, and daughter, and to the holy …«)*. Vielleicht haben Sie zufällig den Song zum Anhören in Ihrer CD-Sammlung mit dem Titel »Medicine Music«.

Wir laden Sie ein, sich einen angenehmen Platz zu suchen und in aller Ruhe den folgenden Textauszug aus *Psalm 23* zu lesen und zu überdenken.

Der Herr ist mein Hirt. Mir wird nichts mangeln.
Er weidet mich auf grünen Auen
und führt mich zum Ruheplatz am Wasser.
Meine Lebenskraft bringt er zurück.
Er führt mich auf Pfaden der Gerechtigkeit getreu seinem Namen.
(…)
Du hast mein Haupt mit Öl gesalbt und übervoll ist mein Becher.
Ja, Güte und Barmherzigkeit werden mir folgen mein Leben lang.
Und ich werde wohnen im Hause Gottes immerdar.

Gute Aussichten – oder? Solch eine Zuflucht und Ressource zu haben macht sicher und mutig.

Heilsame Kräfte des Öles in der Liturgie

Das Öl wird in der katholischen Kirche vom Bischof für ein ganzes Jahr in der Chrisam-Messe am Gründonnerstag geweiht – zunächst das Öl für Taufe, Firmung und Krankensalbung und dann das Chrisam-Öl für Weihehandlungen wie Bischofs-, Priester-, Diakon-, Altar- und Kirchenweihe.
Chrisam heißt übersetzt *Ich salbe,* Chrisma *Salbe* und Christus *der Gesalbte.* Es ist ein in der katholischen (auch in der orthodoxen und altkatholischen und stellenweise in der evangelischen) Kirche verwendetes wohlriechendes und wertvolles Salböl.

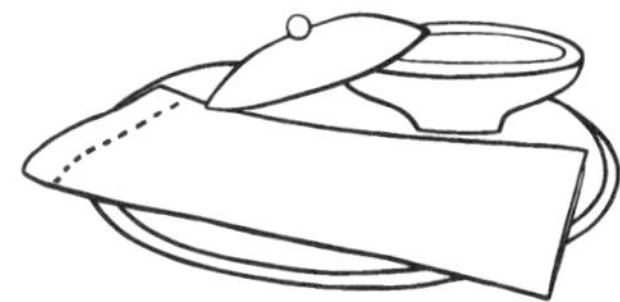

Lampenöl dient Christen heute nur noch in einem Fall als Brennmaterial, und zwar beim rot leuchtenden ewigen Licht, das katholische von evangelischen Kirchen schon auf den ersten Blick unterscheidet. Es ist ein Erbstück aus dem Judentum. Denn in Synagogen brennt eine weiße Lampe vor dem Thoraschrein mit den Thorarollen der Bibel. *Ewig* wird es genannt, weil es ununterbrochen brennt, um die Aufmerksamkeit der Besucherinnen und Besucher auf die stetige Anwesenheit Gottes aufmerksam zu machen – Tag und Nacht.

Die Krankensalbung, eines der sieben Sakramente der katholischen Kirche, hat ihre Verankerung im Auftrag Jesu, den Kranken die Hände aufzulegen *(Mk 16,18),* sie mit Öl zu salben *(Mk 6,13)* und zu heilen *(Mk 6,13; Lk 9,1).* Der Jakobusbrief *(5,14f.)* zeugt davon, dass die ersten Christen dieser Weisung folgten: »Ist einer von euch krank? Dann rufe er die Ältesten der Gemeinde zu sich. Sie sollen Gebete über ihn sprechen und ihn im Namen des Herrn salben.« Lange Zeit wurde die Krankensalbung als Letzte Ölung, somit als Sterbesakrament, missverstanden. Seit einigen Jahrzehnten kann es Menschen, die aufgrund

von Krankheit oder Altersschwäche in Gefahr geraten sind, mehrfach – zu Hause oder in der Kirche – gespendet werden.
Bei der Salbung spricht der Priester die Worte: »Durch diese heilige Salbung helfe dir der Herr in seinem reichen Erbarmen, er stehe dir bei mit der Kraft des Heiligen Geistes. Amen. Der Herr, der dich von Sünden befreit, rette dich, in seiner Gnade richte er dich auf. Amen.«
Gläubige erfahren somit in diesem sakramentalen Ritual für sich die heilende und helfende Nähe Gottes. Sie fühlen sich gestärkt, erleichtert und getröstet: Lass die Hoffnung nicht fahren! Ich, dein Gott, bin bei dir in allem Glück und aller Not!
Im Neuen Testament gibt es die Geschichte von einer Salbung, die Anstoß erregte: Eine stadtbekannte Sünderin salbte im Hause des Simon Petrus *(Lk 7,36–50)*. Jesus verteidigt die Frau und kritisiert den Gastgeber: »Du hast mir nicht das Haupt gesalbt; sie aber hat mit Balsam meine Füße gesalbt.« Er verabschiedet die Frau mit den Worten: »Dein Glaube hat dich gerettet. Geh in Frieden!« Auch im Johannesevangelium *(Joh 12,1–11)* wird Ähnliches erzählt. Der Sünderin schenkt das Zulassen der Berührung durch Jesus neuen Lebensmut und Lebenskraft.

Sich stärken lassen für Übergänge im Leben

Die Sakramente Taufe, Firmung und Krankensalbung werden auch als *rites de passage* bezeichnet, also Übergangsrituale: beim Eintritt ins Leben, beim Übergang vom Kindes- ins Jugendalter, auch bei der Hochzeit und der Priesterweihe sowie beim letzten großen Übergang. Wir sind überzeugt, dass diese Übergänge durch die Salbung, durch deren spirituelle Unterstützung besser gelingen – durch alle Zweifel, Umbrüche und Versagensängste hindurch, gilt die Zusage Gottes: »Ich bin da – für dich«. Rituale und Symbole bauen Brücken. Sie nehmen ein Stück der Unsicherheit, unterstützen die Prozesse der Verwandlung, wenn sie als Chance erkannt und angenommen werden. Gerade das Hineinwachsen in die Haltung eines jungen Erwachsenen verlangt, mehr Verantwortung für sich und andere zu übernehmen. Der

Geist Gottes unterstützt durch die Salbung in der Firmung das Probehandeln und die Selbstwerdungsprozesse. Er schenkt neue Ideen, um Konflikte zu klären. Er heilt die inneren Verwundungen, wenn dies nicht auf Anhieb gelingt.
Ja, der Atem Gottes lässt Gesalbte aufatmen, stärkt ihren Lebensmut und lenkt Herz und Hände zum Guten, auch zum Selbst-Gutes-Tun!

Sich öffnen und Hilfe annehmen

Sie kennen sicher aus eigener Erfahrung die Versuchung, sich zu verkriechen und abzukapseln nach einem Streit, nach dem Scheitern eines Vorhabens, nach einem Schicksalsschlag – vielleicht auch, wenn Sie jemand tief enttäuscht hat, wenn Sie nicht mehr wissen, wie es weitergehen kann. Dann fällt es schwer, sich wieder nach außen zu öffnen, sich herausholen, sich helfen, sich berühren, in den Arm nehmen zu lassen, auch wenn man es sich eigentlich so sehr ersehnt. Dann fühlen wir uns wie der einsamste Mensch auf der Welt. Wer kann mich wieder herausholen? In solchen Situationen muss man über den eigenen Schatten springen. Hier beginnt Transzendenz im alltäglichen Leben oder das, was wir im christlichen Glauben Gnade nennen. Manchmal widerfährt, berührt diese Gnade uns unverhofft und holt uns heraus aus unserem Schneckenhaus, unserer Gefangenschaft.

EINE KALENDERGESCHICHTE

Einmal fragte ich einen alten Mann danach, was er unter Gnade verstehe. Er antwortete mit einer kleinen Geschichte: *»Ich war Soldat in Russland und dort auch nach dem Krieg als Gefangener. Ich arbeitete bei einem russischen Bauern, dessen beide Söhne von den deutschen Soldaten erschossen worden waren. Der Bauer ließ mich im Winter nachts mit der Familie auf dem warmen russischen Ofen schlafen. Sie ertrugen es, dass ich sie manchmal berührte. Das war für mich Gnade.«*

Quelle unbekannt

Durch vorsichtige Berührung – ohne große Worte – wieder aufgenommen werden in die Gemeinschaft, das ist Gnade! Mitten im Krieg. Wir brauchen sie so notwendig, um weiterleben zu können! Was geschah, ist dadurch nicht ungeschehen zu machen. Aber wir dürfen neu aufleben. So ähnlich kann uns durch die Salbung Gottes Gnade zuteil werden, durch leise Berührung, wenn wir uns öffnen und sie einlassen. So können Verwundungen heilen und Friede einkehren.
»Siehe, wie gut und wie schön ist es, wenn Menschen miteinander in Eintracht wohnen.
Es ist wie köstliches Salböl auf dem Haupt, das hinabfließt auf den Bart des Aarons« *(Psalm 133)*.

»Die beste Medizin für den Menschen ist ein lieber Mensch!«

Afrikanisches Sprichwort

Brot und Wein

Ein Zusammenspiel von Gottes Schöpferkraft und der menschlichen Kreativität: Brot und Wein.
Die Natur ist genauso vielfältig wie das, was der Mensch mithilfe seiner schöpferischen, kreativen Kraft daraus gestaltet hat. Wir beschränken uns auf die Symbole Brot und Wein, weil sie auch im Christentum als Symbole und in Ritualen bedeutend sind.

Brot als Lebens-Mittel

Schon vor ungefähr 20 000 Jahren gab es den Grundstoff für das Brot, das Getreide. Aber es gab noch kein Brot; denn damals aß man die eingeweichten oder gerösteten Getreidekörner ganz. Später begann man, die Getreidekörner zwischen zwei Steinen zu Mehl zu vermahlen und einen Brei damit zu rühren. Die Mesopotamier und Ägypter schließlich kamen fast 10 000 Jahre später auf die Idee, diesen Brei zu Fladen zu formen und auf erhitzten Steinen zu backen. Das war wohl die Geburtsstunde des Brotes, aber doch noch nicht so richtig, denn eine Entdeckung hatten die Menschen noch nicht gemacht, nämlich die Gärung. Diese geniale Entdeckung, dass Teig aus Mehl und Wasser durch die Gärung lockerer und weicher wird, schreibt man einem Ägypter zu. Angeblich hat dieser seinen Brotteig vergessen und über Nacht stehen lassen. Die Gärung war entdeckt. Dieser zufällig gesäuerte Teig fand Nachahmer. So breitete sich die Sauerteigzubereitung allmählich von Ägypten und Mesopotamien aus ins alte Hellas. Dort war dieses Brot allerdings zunächst ein Privileg der Oberschicht, die sich Weizen und Roggen aus anderen Ländern kommen ließ. Die einfachen Griechen aßen nämlich bis dato ein Flachbrot aus Gerstenschrot, das sie an der Sonne trocknen ließen. Doch selbst der Sauerteig hätte ihnen beim Gären des Gerstenfladens nicht geholfen: Gerste lässt sich nicht treiben wie Weizen und Roggen. Auch ins alte Germanien verbreitete sich die Entdeckung des Sauerteiges. Das war vor mehr als 2500 Jahren. Dort baute man, wie heute, wegen des rauen Klimas hauptsächlich Roggen an, während in den südlichen europäischen Regionen überwiegend Weizen kultiviert wurde und immer noch wird.

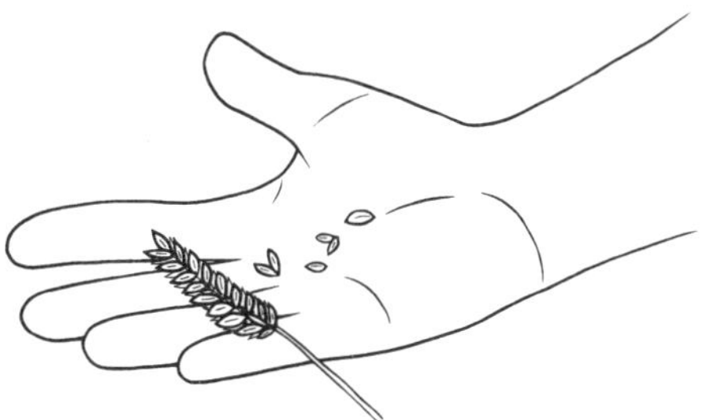

Eine zweite Möglichkeit, Brotteig in Gärung zu bringen und damit zu lockern, sind Hefepilze. Sie spalten den im Mehl enthaltenen Zucker in Kohlensäure und Alkohol auf. Und genau das kannten die Mesopotamier schon sehr früh. Sie kelterten bereits Trauben und ließen sie zu Wein vergären. Damit hatten sie auch Weinhefe. Trotzdem ist es fraglich, ob sie diese Hefe tatsächlich zum Brotbacken verwendet haben. Jedenfalls blieben auch nach der Entdeckung des Sauerteiges Getreide und Mehl im Vordergrund der Nahrungsmittel. Lange Zeit war es sehr mühsam, die Körner zu Mehl zu vermahlen. Die Fantasie der Menschen brachte Erleichterungen: Mühlen entstanden, Backöfen wurden gebaut und damit Berufe wie Müller und Bäcker geschaffen. Heute gilt Deutschland als Eldorado des Brotes.

Brot ist Kraftspender

Wenn es Brot zu essen gibt, sind die Menschen mit dem Nötigsten versorgt; denn Brot ist auch Hauptlieferant vieler Vitamine und Mineralstoffe. So ist Getreide der wichtigste und fast einzige Lieferant der B-Vitamine. Wird es zusammen mit anderen Getreideprodukten, Obst und Gemüse regelmäßiger Bestandteil der Mahlzeiten, ist das ein wichtiger Grundstein gesunder Ernährung. Allzu oft spielte das Duo Brot und Not besonders in Kriegszeiten eine existenzielle Rolle. Wenn damals nicht ganz selbstverständlich Brot miteinander geteilt oder in gemeinsamen Mahlzeiten die Seele gestärkt worden wäre, wäre die Not noch größer gewesen. Denn Brot bedeutet nicht nur irgendeine Sättigung, sondern Lebens-Mittel. Brot spricht über unsere Sinne die Seele an, es verbindet uns in einer urtümlichen Weise mit den Elementen Erde, Wasser, Luft und Licht, den Schöpfungsgeschenken Gottes. Brot verbindet uns so mit unseren Himmelswurzeln.

Redewendungen, Sprichwörter, Volksmund

In Sprichwörtern kommt uns die geballte menschliche Erfahrung mit Brot entgegen. Tiefe Sinnstrukturen und Lebensweisheiten haben sich manifestiert in verschiedenen Grundaussagen.

- **Trocken Brot macht Wangen rot:** Wer Brot isst, hat rote Wangen, und wer rote Wangen hat, ist laut Volksmund gesund. Hier geht es nicht um Brotauflagen, um das, was dazu gegeben wird, sondern um das Ursprüngliche und Wesentliche – ohne Schnickschnack. Das Basisnahrungsmittel wirkt auf die Gesundheit.

Impuls

Sich auf das Wesentliche im Leben besinnen. Brot entstammt der schöpferischen Kraft des Menschen und seiner Idee, aus Gottes Gabe, dem Gras, Getreide zu kultivieren. Und trocken Brot heißt, auf das Wesentliche zurückgreifen, auf die Lebenswurzeln. Was ist für Sie das Wesentliche im Leben – ohne Zugabe, ohne etwas oben drauf?
Mit der schöpferischen Kraft etwas daraus gestalten, etwas zu Brot werden lassen, zur Basisernährung für sich und andere – wie könnte das aussehen?

- **Wes Brot ich ess, des Lied ich sing:** »Ach, kaufen Sie lieber nicht diese Bettdecke. Sie werden keine Freude dran haben«, so hat uns ein Verkäufer einmal geraten. Verdutzt standen wir da. Er ist doch Verkäufer hier und rät von diesem Produkt ab? Er steht wohl im Zwiespalt? Entscheidung ist hier gefragt: entweder nach der Vorgabe dessen handeln, der Brot, Arbeit, Lohn gibt, oder ehrlich handeln nach der eigenen Überzeugung. Wer ein Produkt verkaufen will und nicht dahintersteht, hat entweder wenig Erfolgschancen beim Verkauf oder er spielt eine Rolle, die nicht seinem Inneren entspricht. Die eigene Überzeugung und das Produkt müssen im Einklang stehen. Dem Kunden ist mit Ehrlichkeit mehr geholfen.

Impuls

Das eigene Lied finden. Sich ab und zu des eigenen Maßstabs, der eigenen inneren Einstellung und Richtschnur zu vergewissern, ist heilsam. Oft ertappt man sich dabei, dass man des anderen Lied singt und nicht das eigene. Was ist Ihr Lied in Ihrem Beruf, in Ihrem Leben? Haben Sie ein eigenes Lied, oder singen Sie nach bzw. mit? Und wenn das so ist, ist Ihnen das bewusst? Es ist heilsam, das eigene Lied zu singen, allerdings im Einklang mit der Melodie des Anderen. Ein Kunststück fürs Leben!

- **Das ist unser tägliches Brot:** Nicht nur im Vaterunser kommt diese Sentenz vor, oft hören wir sie im Gespräch mit anderen.

Dabei geht es meist um etwas, was sich im Leben täglich wiederholt, auch um Schweres, was täglich zu tragen ist: die Pflege eines alten Menschen, etwas Schicksalhaftes, Unveränderbares, was uns täglich begleitet. Da schwingt eine gewisse Schwere mit. Aber auch etwas, was Routine anspricht: der tägliche Unterricht in der Schule, das tägliche Einerlei, das sich dauernd, immer wiederkehrende, drehende Hamsterrad. Der Strom der Zeit.

Impuls

Die Routine unterbrechen. Ist Ihnen Ihr tägliches Brot bewusst? Was ist es, wie lässt es sich benennen – etwas Schweres? Routine? Wie wäre es, wenn Sie den Alltag unterbrechen und einfach für ein paar Momente den Augenblick bewusst wahrnehmen würden? Die Sinne einschalten: Was sehen, hören, riechen, schmecken, fühlen Sie im Moment? Nicht festhalten, nur wahrnehmen ist angesagt. Vielleicht zeigt sich aus diesem Moment ein Anruf des Augenblicks, eine Möglichkeit, etwas Sinnvolles ins Leben zu bringen. Jetzt! Irgendwo gerade ein Lächeln rüberschicken, ein liebes Wort, eine Umarmung. Den Sinn des Augenblicks wahrzunehmen erleichtert, lässt aufatmen, beflügelt, bringt eine neue Sicht.

Huub Oosterhuis, ein niederländischer Theologe und Texter, hat den folgenden wunderbaren Text verfasst. Er gießt die große Bedeutung des Symbols Brot in ausdrucksstarke Worte.

Das Brot aus der Erde gewonnen, das Brot von Händen gemacht,
das Brot schmeckt nach Menschen und Tränen,
das Brot einer schlaflosen Nacht.
Das Brot des Kriegs und des Friedens, das täglich gleiche Brot,
das fremde Brot einer Liebe, das steinerne Brot im Tod.
Das Brot, das wir essen müssen, das Brot, das dem Leben dient,
wir teilen es miteinander, solange wir Menschen sind.[28]

Huub Oosterhuis

Wein spricht die Seele an

Eine persönliche Erinnerung: Weinfest im Oktober

Ich erinnere mich genau. Ich war vielleicht neun oder zehn Jahre alt. Es war in den letzten Oktobertagen. Die Stadt lag, mit leichten Nebelschwaden überzogen, unter mir, geborgen und ruhig, wie eine schlafende Katze in einem Korb. Ich stand auf dem steil abfallenden Weinberghang. Schon hörte ich das Tuckern der Weinbergwagen. Und es dauerte nicht lange, da spuckte jedes der lärmenden Kolosse eine Menge Menschen aus: Frauen, dick eingepackt in grobe Röcke. »Wie viele Unterröcke die wohl anhaben?«, überlegte ich mir in meiner kindlichen Einfalt.

Den Kopf umhüllte ein wolliges Hulletuch. Es stiegen Männer aus in derber, dunkler Kleidung. Richtige »Bröckel« von Mannsbildern! Jeder für sich stattlich und breit gebaut.

Der Wind strich über den Hang, als wolle er keinen Weinstock und keine einzige Weinbeere beim Lebewohl-Sagen auslassen. Aber heute sollten all die dunkelgrünen Träubel mithilfe der Schere und des Messers ihre letzte Reise antreten. Traurig, aber auch schön, besonders, wenn ich heute an den edlen Tropfen denke.

Und schon begann die Arbeit. Eine Butte auf den Rücken. Sie war so fest angeschnallt, als wäre es ein angewachsener Buckel. Die Scheren gingen flink, und die Butten füllten sich im Handumdrehen.

Der Erste kam, um seinen künstlichen Rücken in den Laderaum des Weinbergwagens, der eben noch als Sitzgelegenheit gedient hatte, zu entleeren. Und da kam die dicke Frau mit ihren roten Pausbacken. Jetzt näherte sich der kräftige Mann mit Pratzen so groß wie ein Pfannkuchen. Und der lustige Weintrinker, eine richtige Weinknollennase im Gesicht! Da, das »Hullefrääle«, das Tuch tief ins Gesicht gezogen. Und da und da und da …

Schon verließ der erste Weinbergwagen gut gefüllt den Berg, um sich in die inzwischen laute Stadt hinabzubewegen. Er schaukelte wie ein Schiff. »Es kommt ein Schiff geladen«, kam es mir in den Sinn. So musste das wohl ausgesehen haben. Die Sonne suchte zaghaft die Gesichter der emsig

Arbeitenden. Butte um Butte wurde geleert. Schiff um Schiff setzte sich schaukelnd in Bewegung bis zum Mittag.
»Zwölfe is!«
In Windeseile hatten alle ihren künstlichen Buckel abgeschnallt und saßen am Weinberg. Knäudele und fränkisches Bauernbrot, abgesäbelt mit dem Arbeitsmesser. Sie aßen miteinander, schmatzten miteinander, ruhten miteinander – in Würzburg, am Weinberg der Lage »Würzburger Neuberg«, über der inzwischen sonnenbeschienenen Stadt, direkt neben meinem Heimathaus.

Gertrud Weidinger

EIN LOB AUF DEN WINZER

Drei Dinge sind's, die ergeben den Wein,
die Erde, die Rebe, der Sonnenschein,
doch wenn die Arbeit des Winzers nicht wär,
dann bliebe der schönste Becher leer.

Quelle unbekannt

Uralt und doch modern

Weinbau wurde schon im 6. Jahrtausend vor Christus betrieben. Georgien und Armenien werden von Fachleuten als die Ursprungsländer bezeichnet. Sehr stark verbreitet war Weinanbau auch im Altertum. Sowohl als landwirtschaftliches Erzeugnis als auch in Medizin und Wirtschaft spielte er eine große Rolle. Insbesondere aber im sozialen und rituellen Leben war der Wein nicht wegzudenken. Wein war und ist ein wesentlicher Bestandteil ritueller Praktiken in verschiedenen Kulturen. Die mit Weingenuss in Verbindung stehende berauschende Wirkung wurde als etwas betrachtet, das Nähe zu einer Gottheit schaffen kann. In alten Mythologien repräsentierten verschiedene Götter den Wein: *Bacchus* für die römische Mythologie, *Dionysos* für die Griechen und *Osiris* für die Ägypter. Aus der griechischen Antike

kennt man Feste, die sich um den Wein und den Gott *Dionysos* gerankt haben. Etwa das Fest der Weinpresse im Dezember, im Februar gab es ein Weinfest, bei dem der Wein der letzten Ernte verkostet wurde. Bei den alten Griechen und Römern wurde Wein bei Opferzeremonien gebraucht. Dabei wurde Wein direkt auf die darzubringenden Opfer, auf die Erde oder ins Feuer verspritzt.
Wer im Mittelalter täglich oder regelmäßig Wein trank, manchmal aus Prestigegründen, begnügte sich meistens mit einem einfachen Wein. Nicht nur weil dieser selbstverständlich billiger war, sondern einfach, weil es manchmal keinen besseren gab. Das war wohl damals ein einfacher, aber bekömmlicher Wein, ähnlich wie er heute in Frankreich oder Italien noch getrunken wird. Sehr wohl allerdings wusste man, dass es durchaus bessere Weine gab. So wird von Mönchen berichtet, die zum Essen mehrere Becher Wein kommen ließen, rochen und kosteten, um sich dann schließlich zu entscheiden, welchen sie zum Essen wünschten. Von Rittern wird Ende des 14. Jahrhunderts berichtet, dass sie ihre Zeit mit endlosen Diskussionen über die Frage, welcher Wein der Bessere sei, vertrödelt haben.
In Kriegszeiten gab es natürlich für die Normalbevölkerung keinen Wein. Der war Mangelware, den konnte sich niemand leisten. Glücklich, wer selbst Weinbauer war und seinen eigenen Wein notdürftig keltern und gären lassen konnte, um dann wenigstens etwas Freude für die dunklen und gefährlichen Stunden des Alltags zu haben.
Heute erfreuen sich viele Weinliebhaber der angebotenen Wein- und Geschmacksvielfalt. Die Portugiesen sind die Weinnation Nummer eins. 2018 tranken sie pro Kopf (gerechnet auf Menschen über 15 Jahre) 58,8 Liter und lagen damit noch vor den Franzosen mit 50,7 Litern und den Italienern mit 44,0 Litern.

Heilwirkung von Trauben und Wein

Auch Trauben und Wein sind heilsame Kraftspender. Trauben reinigen unser Verdauungssystem. Besonders kernhaltige Trauben enthalten viele Ballaststoffe und gelten als mildes Abführmittel. Die

Weintraube ist ein wahres Wunder und vielseitiges Multitalent: Ihre Mineralien sind Nerven-, Hirn- und Knochennahrung, der Zucker wertvoller Energielieferant, und die Tannine schützen vor Viren.
Aus dem ausgepressten Kernen der Trauben entsteht das wertvolle Traubenkernöl, dem mancherlei heilsame Wirkung nachgesagt wird.
Ebenso hat der vergorene Saft der Trauben, eben der Wein, einiges an Heilkraft zu bieten, was die Gesundheit betrifft. Natürlich enthält Wein Alkohol und sollte stets in Maßen konsumiert werden. Der regelmäßige, aber moderate Weingenuss ist hingegen aus gesundheitlicher Sicht für gesunde Erwachsene durchaus empfehlenswert, wie Experten meinen. Es gibt zahlreiche zuverlässige Untersuchungen über die Herz und Kreislauf stärkende Wirkung des Weines. Die Rate der Herzinfarkte und Hirnschläge ist bei Weintrinkern nachweislich geringer, die Lebenserwartung höher. Es scheint sich inzwischen auch zu zeigen, dass Krebs, Demenzerkrankungen und Nierenleiden bei Weintrinkern seltener auftreten – so jedenfalls Fachleute.
Blutwein, Kraftwein oder Stärkungswein wurde im 19. Jahrhundert von Ärzten zur Behandlung diverser Krankheiten verordnet.
Frankenwein ist Krankenwein, sagt man, und dies versinnbildlicht die Kraft, die im Wein steckt. Da in Franken zu dieser Zeit im Vergleich zu anderen Regionen die wenigsten Cholera- und Pestfälle bekannt wurden, ging man davon aus, dass dies mit der Heilkraft des Weines zusammenhängt. Dies machte den Frankenwein bekannt.

Wein, ein Kraftspender für die Psyche …

… sorgt für eine Verwandlung. Die Freude kommt zum Leuchten im Weinglas. Das Unangenehme, vielleicht auch Schwere, wird etwas leichter mit einem Gläschen Wein, man kommt mit Menschen besser in Verbindung, wenn man miteinander ein Glas Wein trinkt. Und vor allem: Man kommt leichter, vielleicht auch erleichtert in den Alltag zurück, hat neuen Schwung und neue Kraft.
Wein spricht über unsere Sinne die Seele an, er verbindet uns wie das Brot in einer urtümlichen Weise mit den Elementen Erde, Wasser,

Luft und Licht, den Schöpfungsgeschenken Gottes. Auch Wein verbindet uns mit unseren Himmelswurzeln.

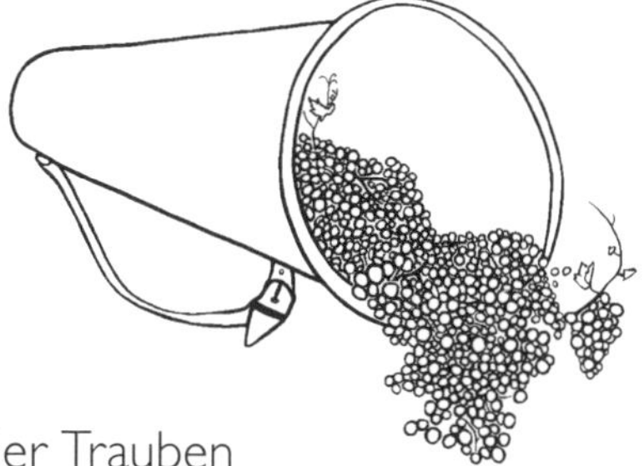

Das Wachstum der Trauben

Um gut zu gedeihen und schöne Früchte zu bringen, brauchen die Weinstöcke den richtigen Boden, brauchen Sonne und Wärme, Wind und Wasser, also gute Bedingungen zum Wachsen und dann die fachkundige Pflege des Winzers. Dann danken die Pflanzen es mit guten Früchten.

Welche Bedingungen brauchen Sie, um gut zu wachsen? Was ist Ihr Boden, Ihre Sonne und Wärme, Ihr Wind und Ihr Wasser? Gibt es jemanden, der Sie hegt und pflegt?
Zeigen Sie gute Früchte? Wie sehen diese aus?

Die Schale schützt das Innerste

Die Schale einer Traube schützt das Innerste und Wertvollste der Traube: das Fruchtfleisch und die Kerne, also die Feuchtigkeit des Inneren und den Samen. Die Schale ist die Schutzschicht vor Austrocknung und Frost und trägt in sich die Möglichkeit, Neues zu kreieren, Leben weiterzugeben.

Was schützt Ihre Schale? Kennen Sie Ihr wertvollstes Inneres? Konnten Sie mit Ihrem Kern schon Neues kreieren, haben Sie schon einmal erlebt, dass er fruchtbar war? Welches Gefühl hat Sie dabei begleitet?
Können Sie sich wieder in dieses Gefühl begeben? Wollen Sie das?

Die Schale wird aufgebrochen, Sie lassen es zu, dass sie aufgebrochen wird. Sie brechen sie selbst auf: Wandlung, Verwandlung ist möglich.

Wann haben Sie in Ihrem Leben Ihre harte Schale durchbrechen lassen? Von wem oder in welcher Situation ist es ausgelöst worden? Haben Sie sie vielleicht selbst durchbrochen?
Hat das lange gedauert? Hat es geschmerzt?
Konnten Sie die Verwandlung erleben? Wie hat sie sich angefühlt? Wie war dieser Weg, dieser Prozess der Verwandlung für Sie? Welche Gefühle haben Sie dabei begleitet?
Wenn Sie das Lebensgefühl vorher mit dem Lebensgefühl danach vergleichen, was stellen Sie dann fest?
Haben Sie ein Fest aus der Verwandlung gemacht oder alles vom Alltag verschlucken lassen?

Der Weg der Gärung

Nach der Ernte werden die Trauben gekeltert. Nach dem Pressen lässt man für Weißwein den Traubenmost, für Rotwein die Maische unter der Einwirkung von Hefen gären – der Zucker wird zu Alkohol umgesetzt. Der junge Wein ruht und reift mehrere Monate in Fässern.

Wenn Sie über den Weg von der Traube über die Gärung zum Wein nachdenken, und Ihr Leben anschauen: Kennen Sie solche Prozesse? Haben diese Prozesse zur Klärung geführt, oder blieb der »Wein« trüb und bitter?
Was gärt in Ihnen gerade und sollte geklärt werden? Lassen Sie es lieber so stehen, auch auf die Gefahr hin, dass es nie ausgegoren wird? Oder fehlt Ihnen etwas zur Klärung, vielleicht etwas, was Sie antreibt, was Ihnen hilft, in Bewegung und ins Tun zu kommen?

Wein ist nicht unbegrenzt haltbar

Die Haltbarkeit des Weines ist in der Regel begrenzt. Wenn er nicht richtig gelagert wird und nicht die entsprechende Feuchtigkeit und

Temperatur am Lagerplatz herrscht, wenn er nicht liegend gelagert wird, kann er leicht »umkippen«. Dann wird er ungenießbar, manchmal sogar sauer. Sorge ich für die richtigen Bedingungen, dann sorge ich für eine gute Atmosphäre in meinem Leben.

Impuls

Kennen Sie Situationen, in denen Sie wie ein Wein bei schlechter Lagerung umgekippt und sauer, ungenießbar geworden sind? Wenn ja, was war der Auslöser fürs Umkippen?
War noch etwas zu retten (z. B. Weinschaumsoße)? Gab es jemanden oder etwas, der/das Sie aus Ihrer »Säure« befreit hat?
Was gab Ihnen den Mut, eine andere, neue Flasche zu öffnen, einen Neubeginn zu wagen?
Was denkt wohl Gott über Ihre »Haltbarkeit«?

Redewendungen, Sprichwörter, Volksmund

Zwei Redewendungen sind, auf Heilkraft bezogen, besonders aussagekräftig:

- **Im Wein liegt die Wahrheit:** Wein wird in Verbindung gebracht mit Wahrheit und Klarheit. Wenn der Wein noch trüb ist, ist er noch nicht ganz trinkfertig. Das lässt sich am Weißwein besonders gut beobachten: Weil er klar ist, sieht man auf den Boden des Glases. Ob das Glas nun ganz gefüllt ist oder nicht, jederzeit. »In vino veritas«, heißt es. Es lebt sich besser mit dem Maßstab Wahrheit. Herumlavieren, Halbwahrheiten, zurechtgebastelte Wahrheiten oder gar Unwahrheiten liefern Trübes ab, belasten die eigene Seele und das Verhältnis untereinander. Transparenz und Klarheit sorgen für Wahrheit. Wahrheit ist etwas Wesentliches im Leben. Als innerer Maßstab macht sie frei. Darin liegt eine heilsame, lebensförderliche Kraft.

Wie halten Sie es mit der Wahrheit? Ist die Wahrheit ein Maßstab für Sie? Wie bringen Sie diese an die Frau, den Mann? Sokrates gibt uns ein wunderbares Instrument an die Hand, wenn er empfiehlt:

Wahrheit ist neben Güte und Notwendigkeit eines der drei Siebe, die förderlich sind und zur Klarheit beitragen, wenn jemand etwas von einem anderen, über einen anderen Menschen erzählt. In dieser Empfehlung steckt ein Angebot, auf welche Art man die Wahrheit von sich geben könnte.

Wein beseelt, so heißt es. Und eine Wahrheit in einem beseelten Zustand zu sagen, schließt aus, dass wir dem anderen die Wahrheit hinschleudern wie einen nassen Waschlappen. Wahrheit bleibt Wahrheit, das ist der sachliche Weg; Wahrheit in beseelter Art anzubieten, ist ein heilsamer Weg.

- **Wein erfreut des Menschen Herz:** Des Menschen Herz heißt es, nicht des Menschen Verstand. Herz in der Bedeutung von Emotion, Mit-Leiden, Mit-Leben, Mit-Teilen, den ganzen Menschen betreffend. Miteinander Wein zu trinken, auf diese Art mit den Mitmenschen zu leben, macht das Herz froh und reich. Diese Verwandlungsmöglichkeit ist unsere Himmelswurzel, ein freudvolles Geschenk des Weines, es ist geteilte Freude. Wer normalerweise Wein trinkt, tut dies nicht den ganzen Tag lang. Vielmehr unterbricht er den Tag, setzt etwas Herzliches zwischen die Routine, schafft im Alltag kleine Festoasen oder gibt dem Tag ein Schlusslicht.

Impuls

»Komm, setz dich her, wir trinken erst mal ein Glas Wein miteinander!« So kommen wir uns näher, sind geistig und geistlich verbunden. Ein guter Anfang für ein gutes Gespräch, vielleicht auch ein guter Anfang, um etwas zu bereinigen, einer Sache die Schwere zu nehmen?
Kommt Ihnen jemand in den Sinn, für den dieses Ritual eine Erleichterung wäre?
Würde es Ihnen als Einstieg in ein Gespräch helfen? Und welches Gespräch schwebt Ihnen dabei vor?

Was die Symbole Brot und Wein miteinander verbindet

Zwischen Himmel und Erde schaffen diese beiden Symbole für uns Menschen eine starke Brücke. Das Brot steht als Symbol für Erdverbundenheit und der Wein als etwas Himmelszugehöriges.

Die harte Schale

- Die harte Schale des Getreidekorns muss erst durch Zerstampfen oder Mahlen durchbrochen werden, bevor wir das Mehl für Brot und andere Lebensmittel verarbeiten können.
- Die Schale der Trauben muss erst beim Keltern aufgebrochen werden, bevor wir den Saft bekommen, der dann zu Wein werden kann.

Der Prozess

- Brot entsteht nicht von heute auf morgen. Es braucht Zeit, das Treibmittel muss sich entfalten.
- Wein entsteht nicht von heute auf morgen: Er braucht Zeit zum Gären, der Gärprozess muss sich entfalten.

Die Wandlung

- Wer Brot will, muss das ursprüngliche Korn aufbrechen, Zeit geben zum Verändern, zum Verwandeln.
- Wer Wein will, muss die ursprüngliche Traube aufbrechen, keltern, Zeit geben zum Verändern, zum Verwandeln.

Wer die harte Schale des Schicksals aufbrechen lässt, nicht daran kleben bleibt, kann eine neue Dimension, eine neue Tiefe des Lebens erspüren. Wer dem Prozess Zeit gibt, kann diese Verwandlung erleben und ganz, »heil« werden.

Wenn Sie möchten, lassen Sie sich dazu ein paar Gedanken durch den Kopf gehen: der Wein und mein Leben.

Die Heilkraft von Brot und Wein

Wasser können Menschen unmittelbar aus der Quelle trinken. Getreide und Weinbeeren müssen erst verarbeitet werden, damit Brot und Wein daraus werden. Dabei durchlaufen beide Nahrungsmittel einen ähnlichen Prozess. Danach stillen beide als Lebensmittel Hunger und Durst und erfreuen des Menschen Herz. Kein Wunder, dass aufgrund dieser Entstehungs-Geschichte Brot, Wein und Mahl auch im Christentum eine enge Beziehung zueinander aufweisen – in den Zeugnissen der Bibel wie in den gottesdienstlichen Feiern der Gegenwart. Die Riten- und Symbolbildung hat ihre Wurzeln in diesem Herstellungsprozess und in den Erfahrungen der Menschen mit Brot, Wein und Mahlhalten seit Jahrhunderten.

Der christliche Sinn des Brotbrechens und des Trinkens aus einem Kelch erschließt sich vornehmlich aus biblischen Erzählungen von den ungesäuerten Broten beim Paschamahl, von Wundern wie der Brotvermehrung und der Verwandlung von Wasser in Wein bei der Hochzeit zu Kana, vom Abschiedsmahl Jesu in Jerusalem oder vom Ostermahl mit den Emmaus-Jüngern sowie in der Vision Jesajas von einem großen Fest- und Friedensmahl aller Völker am Ende der Zeiten. Im Erzählen und Feiern werden frühere Glaubenserfahrungen in verdichteter Form von Generation zu Generation neu erschlossen und mit ihren heilenden Kräften neu wirksam für ein gutes Zusammenleben. Die heilsame Verbindung zwischen Gott und Mensch wird in den Symbolen Brot und Wein und in den dazugehörigen Ritualen sichtbar, fühlbar und lässt sich schmecken.

Die Heilkraft von Brot und Wein treibt den Prozess der Verwandlung voran.

Jesu Weg konnte nicht am Leiden vorbeigehen, sondern nur durch das Leiden hindurchführen. Selbst die Jünger, besonders Petrus, wehrten sich innerlich und äußerlich dagegen (am Ölberg zog Petrus sein Schwert, Jesus gebot ihm Einhalt). Mit dem Abendmahl wollte Jesus ein unzerstörbares Zeichen der Verbundenheit stiften – auch für uns –, in Anlehnung an die Feier des jüdischen Paschamahles. Kurz und verständlich fassen die liturgischen Einsetzungsworte die christliche Überzeugung über Jesu Leiden, Sterben und Auferstehung zusammen: »Denn am Abend, an dem er ausgeliefert wurde und sich aus freiem Willen dem Leiden unterwarf, nahm er das Brot und sagte Dank, brach es, reichte es seinen Jüngern und sprach: Nehmet und esset alle davon: Das ist mein Leib, der für euch hingegeben wird. Ebenso nahm er nach dem Mahl den Kelch, dankte wiederum, reichte ihn seinen Jüngern und sprach: Nehmet und trinket alle daraus: Dies ist der Kelch des neuen und ewigen Bundes, mein Blut, das für euch und für viele vergossen wird zur Vergebung der Sünden. Tut dies zu meinem Gedächtnis.«[29]

Kern der Eucharistiefeier ist die Verwandlung der Gaben Brot und Wein. Sie wurden zum Altar gebracht als Frucht der Erde und der menschlichen Arbeit. Durch die bewusste Erinnerung an Jesu Leiden, Tod und Auferstehung, mit der zitierten liturgischen Formel erhalten Brot und Wein eine neue Bedeutung: Sie werden zu Zeichen seiner Nähe und Gegenwart im Hier und Jetzt. Durch das Brechen des Brotes und Trinken des Weines tritt er in unsere Mitte kraft seiner Verheißung und seines Auftrags: Tut dies zu meinem Gedächtnis. Ein Geschenk seiner Hingabe!

Der Ordensmann und Schriftsteller Andreas Knapp schreibt: »Kommunion heißt: Eins werden mit dem Leib und Leben Jesu. Meine zerbrechliche Existenz wird in dieser Begegnung mit dem Gottmenschen ganz und heil (…) Ich darf mich von Christus ergänzen lassen und durch ihn heil werden.«[30]

Das Recollectio-Haus der Abtei Münsterschwarzach steht offen für kirchliche Mitarbeiterinnen, denen es nicht gut geht in ihrem Beruf.

Sie haben sich meist zu sehr verausgabt, haben Schwierigkeiten mit der Lebensform und suchen Hilfe. Theologen und Psychotherapeuten arbeiten beim Heilungsprozess Hand in Hand. Sie feiern auch Eucharistie zusammen.

Anselm Grün schreibt darüber: »In jeder Eucharistie feiern wir die Verwandlung unseres Lebens. Wir halten in Brot und Wein uns selbst Gott hin mit unserer Zerrissenheit, mit allem, was uns umtreibt und zerreibt, mit unseren Gedanken und Gefühlen, mit unseren Bedürfnissen und Leidenschaften, mit dem Bewussten und dem Unbewussten. Wir vertrauen darauf, dass Gott unsere Gaben annimmt und verwandelt.« Und er ergänzt: »Unmerklich wie beim Sauerteig verwandelt sich unser Leben.«[31] Nach seiner Auffassung verlangt und schenkt der Glaube an diese verwandelnde Heilkraft den Mut, seine eigenen Wunden und Verletzungen, Schwächen und Konflikte Gott zu übergeben, damit er sie verwandeln kann. Sie sind ein kostbarer Schatz, »den sie im Gebet und im geistlichen und therapeutischen Gespräch entdecken und heben sollten«.[32]

Der Text von Wilhelm Willms kann für Sie eine Brücke bilden, um zu verstehen, was Jesus meinte, als er sein letztes Abendmahl feierte; denn er wusste, was auf ihn wartete. Er bereitete seine Freunde darauf vor, dass er leiden und sterben müsse, aber auch auferstehen werde.

MÜHLE UND KELTER

weizenkörner trauben
hört von unserm glauben
wer nicht aufgerieben wird
wer sich das erspart
der bleibt hart
bleibt hart

weizenkörner trauben
hört von unserm glauben
wer nicht in die mühle fällt
leidet keine not
wird kein brot
kein brot

weizenkörner trauben
hört von unserm glauben
wer nicht in die kelter fällt
wird auch nicht gepreßt
für das fest
das fest[33]

Wilhelm Willms

Wenn aus Körnern Brot, aus Weintrauben Wein werden soll, geht zunächst kein Weg an der Mühle bzw. der Kelter vorbei. Jesus greift dieses Bild auf, um sein freiwilliges Leiden am Kreuz, seinen Tod, aber auch die Verwandlung der Auferstehung im Bild erahnen zu lassen und irgendwie spürbar, nachvollziehbar zu machen.

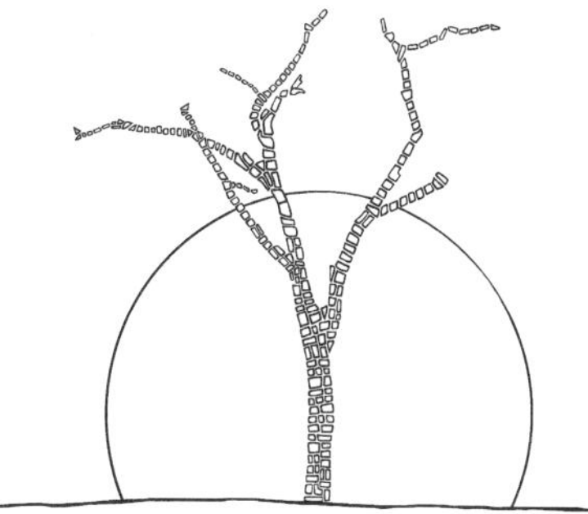

Impuls

Vielleicht denken Sie jetzt noch einmal an die Merkmale, die beide Symbole miteinander verbinden, und die *Impulse* dazu: sich aufbrechen lassen, der Prozess der Gärung, die Verwandlung. Hat sich da etwas verwandelt?

GEBET

Herr Jesus Christus,
du hast Wasser zu Wein gewandelt
als Zeichen dafür,
dass du dich nicht ab-findest mit dem, was du vor-findest.
Wandle mich wie Wasser zu Wein
Vom Zögern in die Zuversicht
Von der Angst in die Gelassenheit
Von der Mühe in die Freude.
Danke, dass du es mit mir wagst. Amen.[34]

Christoph Böhlau

Die Heilkraft von Brot und Wein stärkt den Zusammenhalt, gibt Kraft und neuen Lebensmut:

LIED

Geh mit uns auf unserm Weg, geh mit uns auf unserm Weg!
Wenn traurig und enttäuscht wir klagen: Es ist alles aus!
Wenn mutlos und enttäuscht wir sagen: Jetzt geh ich nach Haus!
Wenn allen uns die Sicht genommen: Musste das gescheh'n?
Wenn Hoffnung, Mut und Kraft zerronnen: Wie soll's weitergeh'n?
Wenn Nacht auf uns hereingebrochen: Brich mit uns das Brot,
bis das letzte Wort gesprochen, bis zum Abendrot!
Reiß uns mit, Schritt für Schritt! Wer dich erkennt,
ganz neu entbrennt!
Geh mit uns auf unserm Weg, geh mit uns auf unserm Weg![35]

Norbert Weidinger

Vielleicht haben Sie herausgelesen, dass es ein Lied für Enttäuschte und Mutlose ist, denen die Kraft auszugehen droht. Im Hintergrund

steht die Erzählung von einem nachösterlichen Mahl Jesu in Emmaus. Diese Erzählung ist jedes Jahr die Frohbotschaft des Ostermontags. In vielen Gemeinden findet am Nachmittag ein sogenannter Emmausgang statt. Alle wandern miteinander, bilden Gruppen. Von Station zu Station erhalten sie neue Gesprächsimpulse, singen ein Lied, gehen weiter. Vor der Kirche sprechen sie am Ende ein Gebet, teilen und essen sie ein Fladenbrot miteinander, singen ein Osterlied und gehen nach dem Segen wieder auseinander. Sie erleben auf ihre Weise nach, wovon *Lk 24,13–35* erzählt:
Zwei enttäuschten Jüngern wird es in Jerusalem nach der Hinrichtung Jesu zu heiß. Sie machen sich aus dem Staub, fliehen ängstlich in den Vorort Emmaus. Ein Dritter gesellt sich unterwegs hinzu und hört sich ihre Ratlosigkeit, ihr Klagelied an. Was nun? Die Sache mit Jesus scheint gründlich schiefgelaufen zu sein. An eine Auferstehung, von der einige reden, können sie nicht glauben. Sie brauchen Sicherheit. Da mischt sich der Dritte ins Gespräch ein mit dem Tenor: »Musste nicht all dies geschehen?« Und er bringt den Propheten Jesaja ins Spiel: »Steht nicht in der Schrift, dass der Messias leiden muss?« Da haben sie Emmaus erreicht. Das Gespräch hat einen Funken Hoffnung geweckt. Sie bitten den Fremden zu bleiben. Er willigt ein. Beim Essen nimmt er Brot in seine Hände, bricht es und reicht jedem ein Stück. Da gehen ihnen die Augen auf. Sie erkennen Jesus am Brotbrechen. Aber schon ist er verschwunden. Sie sagen zueinander: »Brannte nicht unser Herz, als er mit uns redete und die Schrift erklärte.« Also ist er doch nicht tot, sondern auferweckt durch Gott. Noch in derselben Stunde brechen sie auf und eilen zurück nach Jerusalem. Dort werden sie begrüßt mit den Worten: »Jesus ist wirklich auferweckt und dem Simon erschienen!« Da erzählen sie den anderen von ihrer Erfahrung.

Das Brotbrechen ist plötzlich nicht nur Erinnerungszeichen an das Leiden des Gekreuzigten, sondern zugleich an den vom Tod erweckten Jesus Christus. Mit dem Kreuz ist nicht alles aus. Es beginnt etwas Nie-Dagewesenes, Neues. Das Brotbrechen ist – gemäß der Verheißung Jesu beim Abschiedsmahl – Erkennungszeichen seiner Gegenwart im Hier und Jetzt, in ihrer Mitte. Brot, Wein und Mahl verwandeln Trauer in Freude, Angst in Mut, Sorge in Zuversicht. Eine neue Bewegung nimmt ihren Lauf. Die Freunde finden wieder zusammen und wagen gemeinsam einen völlig neuen Anfang. Ihr Leben erhält im Brechen des Brotes, im Trinken des Weines, im österlichen Mahl einen neuen Sinn. Es hat sich nicht nur *etwas* verändert, sondern *Grundsätzliches:* ihre Lebensauffassung, ihr Leben. Diese Kraft gibt neuen Lebensmut, lässt mutig weitergehen. Diese Heilkraft steckt in jeder Eucharistiefeier auch heute – für uns.

Im Jahr 2000 behandelte eine Studienkonferenz des Ökumenischen Rats der Kirchen das Thema »Faith, Health and Healing«. In einem der Vorbereitungsdokumente heißt es: »Die Art und Weise, wie Menschen in einer örtlichen Gemeinschaft aufgenommen, begrüßt und behandelt werden, hat eine tief greifende Auswirkung auf deren heilende Funktion.« Und weiter: »Alle Aktivitäten der Ortsgemeinde haben eine heilende Dimension, auch die Feier der Eucharistie als Zeichen der Versöhnung und der Wiederherstellung. Und es werden Gaben des göttlichen Geistes beschrieben wie: »Die Gabe des Gebets für Kranke und Trauernde, die Gabe der Handauflegung, die Gabe der Segnung und Salbung (…), die Gabe der Heilung von verwundeten Erinnerungen, des Heilens zerbrochener Beziehungen.«[36] Inzwischen haben viele Gemeinden Besuchsdienste eingerichtet, die den Kontakt zu Kranken und Pflegebedürftigen in Krankenhäusern und Seniorenheimen halten, damit sich kraft dessen neuer Lebensmut entfalten kann.

Brot und Wein sind Kraftspender für das alltägliche Leben, des Menschen Erdwurzeln. Diese Symbole und die dazugehörenden Rituale sind ebenfalls Kraftspender für das Leben mit unserem Schöpfer. Sie sind unsere Himmelswurzeln. Kennen und spüren Sie Ihre Erdwurzeln, Ihre Himmelswurzeln?

Eine kleine Körperübung

Stellen Sie sich (wenn es geht, ohne Schuhe auf einem Rasen) ganz bewusst mit beiden Füßen auf die Erde, und fühlen Sie die Tragfähigkeit des Bodens, der Ihnen Stand verleiht. Gehen Sie nun in Gedanken durch Ihren ganzen Fuß – von einer Zehe zur anderen, von der Spitze zur Ferse, von rechts nach links, und spüren Sie dabei die tragende Erde.

In diesem Körpergefühl lenken Sie nun die Aufmerksamkeit auf Ihre Wirbelsäule, von der Erde bis in den Scheitel am Kopf. Spüren Sie der Spannung nach. Heben Sie langsam und bewusst die Arme in die Höhe, so weit es geht. Spüren Sie die Ausdehnung und die Himmelswurzel? Vergessen Sie aber nicht, mit den Füßen fest auf der Erde zu bleiben.

Nach dieser Übung werden Sie mit festem Schritt und Lebensmut die nächste Aufgabe anpacken. Verwurzelt in der Erde und ausgestreckt zum Himmel schenken Brot und Wein Kraft und neuen Lebensmut. Die Heilkraft von Brot und Wein weckt die Bereitschaft zu teilen.

Sieger Köder, Maler und Priester, schuf ein Gemälde mit dem Titel *Mahl der Sünder.* Auf den ersten Blick ein merkwürdiger Titel! Um einen hellen, runden Tisch mit einer roten Rose, einem Weinbecher und Brotstücken sitzt vor einer halbdunklen, bemalten Wand links und einem Fenster mit Aussicht in eine toskanische Landschaft rechts eine seltsame Tischgemeinschaft. »Kann das gut gehen? Passen die überhaupt zusammen?«, fragt sich die Betrachterin bzw. der Betrachter unwillkürlich. Zu erkennen sind ein jüdischer Rabbi (mit Gebetsschal), eine Dirne (sie presst ihr Weinglas eng an sich), eine alte, blinde Bettlerin (vornübergebeugt, lauschend), ein grell geschminkter Clown, ein Student oder Intellektueller mit herausfordernd-kritischem Blick, eine vornehme Aristokratin (Stirn und Haar mit dünnem Schleier bedeckt) und schließlich ein offensichtlich durch Kämpfe verwundeter Afrikaner. Der Gastgeber ist am unteren Rand des Bildes nur durch zwei einladend geöffnete Hände vertreten:

Gilt die Einladung auch uns? Möchten wir uns zu dieser fast makabren Runde dazusetzen – zu diesen Sonderlingen, Enttäuschten, An-die-Wand-Gedrückten? Möchten Sie bei diesen Menschen sein, mit ihnen das Mahl teilen? Wer ist Gastgeber – vielleicht Jesus Christus? Wer Anteil gibt und Anteil nimmt, bleibt offen. Auch Sie könnten die Gastgeberin oder der Gastgeber sein! Eine Zumutung?

Wir lesen aus dem Bild: In all die Gesichter auf diesem Bild ist die Sehnsucht geschrieben nach jemand, der frei macht aus innerer und äußerer Verstrickung, der durch das Angebot seiner Liebe die Menschen hoffen lässt über die Mühsal ihrer Tage hinaus.

Wenn wir in die Bibel schauen, finden wir viele Hinweise, dass alle Menschen eingeladen sind zum Teilen von Brot und Wein, zum Mahlhalten: Die Erzählung von der Brotvermehrung *(Mt 14,13–21)* beispielsweise, zu der die Leute auch Kranke mitbrachten in der Hoffnung auf Heilung oder der Spruch: »Ich bin das Brot des Lebens; wer zu mir kommt, wird nie mehr hungern, und wer an mich glaubt, wird nie mehr Durst haben« *(Joh 6,1–5)* oder die wunderbare Weinvermehrung bei der Hochzeit zu Kana *(Joh 2,1–12),* bei der Jesus zur Freude der Gäste Wasser in Wein verwandelte.
Besonders interessant finden wir aber das Mahl Jesu mit dem obersten Zöllner Zachäus *(Lk 19,1–10).* Der hätte nämlich einen Platz auf dem Gemälde von Sieger Köder verdient gehabt! Zöllner wie Zachäus waren verhasste Außenseiter, weil sie mit der römischen Besatzungsmacht kollaborierten. Dieser Zachäus wollte Jesus sehen. Deshalb kletterte er auf einen Baum. Jesus entdeckte ihn im Vorbeigehen und rief ihm zu: »Zachäus, komm schnell herunter! Denn ich muss heute bei dir zu Gast sein.« Der stieg blitzschnell herab und nahm Jesus voll Freude auf. Die Leute munkelten sofort: »Bei einem Sünder ist er einge-

kehrt!« Am Ende des Mahles versprach Zachäus: »Die Hälfte meines Vermögens gebe ich den Armen, und wenn ich zu viel verlangt habe, gebe ich das Vierfache zurück.« Und Jesus sagte darauf: »Heute ist diesem Haus Heil geschenkt worden, weil auch dieser Mann ein Sohn Abrahams ist; denn ich bin gekommen, um zu suchen und zu retten, was verloren ist.« In diesem Oberzöllner steckt ein guter Mensch, und der entpuppt sich bei der Begegnung mit Jesus. Er teilt sein Mahl und Haus mit Jesus, gibt den Armen Almosen und entschädigt die eigenen Fehler um ein Mehrfaches.

Es gilt als Markenzeichen Jesu, dass er immer wieder mit solchen Menschen Mahl hält, die in Schubladen gesteckt, rausgedrängt werden oder über die schlecht geredet wird. Jesus gibt ihnen das Gefühl: Ich teile meine Zeit, mein Mahl mit dir; denn du gehörst auch zu uns. Jesus beschenkt und bereichert die Menschen, indem er von ihnen etwas annimmt. Er beschenkt sie, indem er sich von ihnen beschenken lässt. So entsteht eine neue Art von Gemeinschaft auf Wechselseitigkeit und Vertrauen. Teilen heißt für Jesus: Anteil nehmen und Anteil geben. Die Mahlfeiern mit ihm locken auch uns auf diese Spur. Das ist heilsam für uns selbst und für alle gesellschaftlich Stigmatisierten. Beide Seiten erhalten ihre Menschenwürde zurück.

Gesellschaftlich stigmatisiert sind auch (vorübergehend oder permanent) Pflegebedürftige, Behinderte, Kranke. Wer lädt sie schon ein, besucht sie? Wer die Mahlgemeinschaft mit Jesus eingeht, der gewinnt aus diesem Mahl die Kraft, einen Beitrag zu leisten, dass es auch Menschen am Rand der Gesellschaft an Leib, Seele und Geist gut geht und dass entstandene Wunden verheilen können. Er teilt Brot und Wein und sein Leben für den Zusammenhalt in unserer Gesellschaft. Und er findet Gleichgesinnte.

Christen in Erfurt haben als Anregung dazu die Werke der Barmherzigkeit (vgl. *Mt 25,35–40*) in knapper Form so aktualisiert: »Einem Menschen sagen: Du gehörst dazu! Ich höre dir zu! Ich rede gut über dich! Ich gehe ein Stück mit dir! Ich teile mit dir! Ich besuche dich! Ich bete für dich.«[37]

Impuls

Gemeinsam Mahl halten, Brot teilen, Wein teilen. Das Brot unseres täglichen Lebens, die Monotonie, den Rucksack unserer Sorgen und Ängste, die Bitterkeit des Schicksals miteinander zu teilen bringt Erleichterung und nimmt Schwere. Wenn es jemanden gibt, der mit-teilt, mit-lebt und mit-leidet auf Augenhöhe. Wer Gast und wer Gastgeber ist, spielt da keine Rolle mehr. Es geht um das heilsame Ritual, das tägliche Brot miteinander zu teilen. Geteiltes Leid ist halbes Leid. Bei wem möchten Sie gern ein solcher Gast sein? Und wen möchten Sie demnächst bewirten? Wein miteinander teilen, am gleichen Tisch sitzen, sich zuprosten, Gutes wünschen hilft der Freude und Leichtigkeit auf die Sprünge, verleiht Flügel. Wenigstens ein Stück weit tragen diese Flügel über unwegsames Gelände, über Enttäuschung und Verletzung, über Nichtachtung und fehlende Wertschätzung. Freude auf diese Art zu teilen, das ist doch eine heilsame Entdeckung!
Geteilte Freude ist doppelte Freude. Mit wem möchten Sie gern Freude teilen? Von wem möchten Sie einen Teil seiner Freude geschenkt bekommen?

FEIERN, UM GEHÖRT ZU WERDEN

Feiern, um gehört zu werden – wer hört meinen Hilfeschrei?
Bin ich ganz umsonst auf Erden, ohne Zukunft, vogelfrei?
Feiern, um gehört zu werden – wer hört meinen Jubelruf?
Nur die Freunde und Gefährten oder auch der mich erschuf?
Feiern, um geeint zu werden mit den Menschen ringsherum,
um mit Worten und Gebärden IHN zu bitten: Bleib nicht stumm!
Feiern, um geeint zu werden und befreit vom engen Ich,
tragen und getragen werden, ahnen: ER lässt nicht im Stich.
Feiern, um geeint zu werden, Brote teilen und den Wein,
auch die Freuden und Beschwerden, spüren: ER will bei uns sein.

Norbert Weidinger

HEILSAME GRUNDHALTUNGEN

Hier stehen nicht mehr Rituale und Symbole im Mittelpunkt, sondern das Leben. Hier sind Rituale und Symbole ins Leben eingebettet. Sie zeigen sich unter einem bestimmten Blickwinkel, zum Beispiel unter dem Blickwinkel der Liebe am Symbol Ring (als Symbol für Bund und Unvergänglichkeit) oder unter dem Blickwinkel der Hoffnung im Symbol der Kerze (als Symbol für Helligkeit und Licht im Leben). Es geht hauptsächlich um die Frage, aus welcher Grundhaltung des Herzens das Leben gelebt wird. Welches sind die Leitlinien des Lebens? Denn aus den Grundhaltungen erwachsen große Heilkräfte. Grundhaltungen sind im Keim im Menschen angelegt, gehören zur menschlichen Grundausstattung, sind dem Menschen geschenkte Hilfen für ein gelingendes Leben. Sie müssen gepflegt und entwickelt werden. Daraus kann sich ein heilsamer Lebensstil entwickeln, der von den Grundhaltungen des Herzens geprägt ist.
Wer genauer hinschaut, findet zahlreiche Grundhaltungen des Menschen zum Leben, die heilsame Kräfte in sich bergen.

Wir denken da an die Heilkraft der Dankbarkeit, der Vermittlerin zwischen den Menschen. Sie legt sich wie ein Mantel schützend um den, der dankbar und im Wissen lebt, dass Leben immer auch Abschied bedeutet. Dankbarkeit ist eine Art Gelenköl zwischen den

Menschen, sie wirkt von Herz zu Herz. Die einfachste Form der Dankbarkeit ist die Freude. Sie lenkt den Blick vom Mangel auf die Fülle. Das ist die wesentliche Botschaft der Vermittlerin Dankbarkeit. Wir denken an die Heilkraft des Humors und der Leichtigkeit. Der Sinn für Humor verbindet und besitzt die Fähigkeit, andere Menschen zum Lachen bringen oder über sich selbst lachen zu können. Damit kann Humor helfen, schwierige Situationen zu entschärfen oder Konflikte zu lösen. Er bringt Leichtigkeit durch Schmunzeln. Humor ist die Kunst, sich selbst und seine Probleme nicht so wichtig zu nehmen.

Wir denken an die Heilkraft des Wortes, des »Menschenmachers«. Es nimmt eine Sonderstellung ein. Das Wort ist die dem Menschen ureigene Ausdrucksweise und zielt auf das Wesen des Menschen ab. Es ist die Möglichkeit, die Heilkräfte nicht nur sinnlich, sondern auch hörbar, lesbar, wiederholbar in ein menschliches Gewand zu bringen.

Impuls

Von welchen Grundhaltungen ist Ihr Leben geprägt? Vielleicht gibt es für Sie Grundhaltungen, die Sie gern für sich entdecken oder die Sie ausbauen wollen. Gibt es eine Grundhaltung mit heilsamen Kräften, die Ihnen besonders nahe ist, die Sie praktizieren, aus der Sie leben?

Könnten Sie diese heilenden Kräfte mit anderen Menschen um sich herum teilen, beispielsweise den Humor, geteilt mit den Arbeitskollegen, oder die Dankbarkeit, geteilt mit den Eltern?

Die folgenden drei christlichen Grundhaltungen und deren Heilkräfte – Grundtugenden, göttliche Tugenden – Liebe, Vertrauen/Glaube und Hoffnung – liegen allen weiteren heilsamen Grundhaltungen zugrunde. »Nun aber bleiben Glaube, Hoffnung, Liebe, diese drei; aber die Liebe ist die größte unter ihnen« *(1 Kor 13,13)*. Deshalb steht sie hier als erste Heilkraft.

Die heilsamen Kräfte der Liebe

»Liebe ist der Entschluss, das Ganze eines Menschen zu bejahen, die Einzelheiten mögen sein, wie sie wollen.«

Otto Flake

»Der beste Beweis der Liebe ist Vertrauen.«

Joyce Brothers

»Alter schützt vor Liebe nicht, aber Liebe vor dem Altern.«

Coco Chanel

Liebe ist die Alleskönnerin, der Türöffner, die Heilkraft, die unglaublich viele unterschiedliche heilsame Kräfte in sich vereint. Das Lied »Ich bete an die Macht der Liebe« gibt ein beredtes Zeugnis von dem, was viele Menschen mit diesem Phänomen verbinden. Von dem rheinischen Pietisten Gerhard Tersteegen (1697–1769) stammt der Text des Liedes. Es besingt die Liebe zwischen Gott und den Menschen, wurde aber bald auch als Ausdruck allgemeiner Liebe verstanden und damit auch Verstorbenen zugedacht.

Die Verbindung von Frömmigkeit und Gebet mit der »Macht der Liebe« und die von Dmitri Bortniansky (1751–1825) dazu komponierte anrührende Melodie haben wesentlich dazu beigetragen, dass das Lied zum Höhepunkt vieler feierlicher, fröhlicher wie ernster Anlässe wurde. Preußenkönig Friedrich Wilhelm III. hat es zum Nachtgebet seiner Soldaten bestimmt. Die Melodie ist Bestandteil des »Großen Zapfenstreichs«.[38]

Wodurch sich die Heilkraft der Liebe auszeichnet

Liebe ist eine zutiefst menschliche Kraft, angesiedelt in der Tiefen- bzw. Höhendimension des Menschen (→ Kapitel *Heilkräfte eröffnen dem Leben neue Möglichkeiten,* Seite 49 ff.). Diese wirkmächtige Kraft ist verbunden mit allen anderen nur erdenklichen Heilkräften, zum Beispiel der Heilkraft der Hoffnung, des Vertrauens, des Trostes. Alle Heilkräfte werden von der heilsamen Kraft der Liebe getragen und wirken über die Heilkraft der Liebe.

Liebe ist nicht egoistisch (*1 Kor 13,1–13:* Das Hohe Lied der Liebe), deshalb kann es bei der Heilkraft der Liebe nur um eine selbstlose Liebe gehen. Ihre heilsame Kraft ist unbegrenzt, mächtig, umfassend, universell, nicht *mach-bar,* nicht *produzierbar,* nicht *manipulierbar.*

Liebe macht stark, kann verändern, kann eine andere Sichtweise aufzeigen, bringt Erleichterung und Freude im Miteinander, hilft Ängste überwinden. Sie ist ein Geschenk des Lebens von Anfang an.

EIN PERSÖNLICHES ERLEBNIS

Ich habe kürzlich eine sehr berührende, etwas andere Hochzeit auf einem See erlebt. Das Paar, das dort getraut wurde, war nicht mehr ganz jung und schon zehn Jahre zusammen. Nun wollten sie den Schritt gehen, zu heiraten und sich gegenseitig ihr bedingungsloses JA zu schenken.

Nach der ergreifenden Trauungszeremonie wurde beiden der gleiche Blütenkranz auf den Kopf gelegt. Auch hängten sie sich gegenseitig das gleiche Medaillon um. Zurück an Land ließen sich beide anstelle von Ringen ein Wort an die Stelle ihres Herzens tätowieren: JA.

Gertrud Weidinger

Jede ehrliche Umarmung, jedes offene Lächeln, jedes freundliche Entgegenkommen, jede Geste des Willkommenseins, jeder Kuss und jedes Zeichen der Zuneigung offenbart die Kraft der Liebe als Geschenk. Diese Zeichen schenken uns gegenseitige Wärme, Anteilnahme und Vertrauen. Dabei passiert etwas – wenn es ehrlich gemeint ist –, nicht nur äußerlich, sondern ganzheitlich, mit Körper, Seele und

Geist. All diese Gesten stärken uns gegenseitig. Aber nicht nur in solchen Gesten und Ritualen zeigt sich die Heilkraft der Liebe, auch in Symbolen können wir sie wahrnehmen: die gleichen gemeinsamen Ringe für Paare, ein gemeinsames Tattoo für beide, die gleiche Halskette als Symbol der gegenseitigen Liebe, eine Rose, ein Edelstein, ein Schmuckstück als Symbol für Liebe und Wertschätzung. Die Reihe lässt sich endlos fortzusetzen.

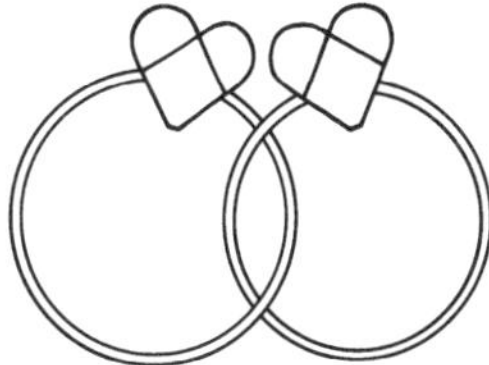

Viele Probleme des Alltags können wir mit Liebe leichter lösen, so manche Schwierigkeiten oder bevorstehende Auseinandersetzungen lassen sich mit der Besinnung auf die Kraft der Liebe besser meistern. Sogar Schmerzen können leichter ausgehalten werden mit der Kraft der Liebe (wir denken da an Männer, die ihren Frauen bei der Geburt mit Liebe zur Seite stehen). Wer liebt, überwindet leichter Grenzen, weil er um einen Grund weiß.

Liebe will geteilt, weitergegeben, zurückgegeben werden – wie ein Licht. Wer geliebt wird, wer sich geliebt weiß, kann den Mitmenschen auf Augenhöhe, von Subjekt zu Subjekt begegnen, kann andere Menschen so, wie sie sind, akzeptieren, kann sie respektieren und wertschätzen. Er gerät nicht so leicht in Versuchung, andere zu verletzen (→ Kapitel *Hirnforschung und Selbstheilungskräfte,* Seite 195 ff.).

Das Geschenk der Liebe kann sich jede und jeder selbst zuteilwerden lassen: Es kann in jedem und für jeden wirken unter dem Stichwort: »Ich heirate mich!« Wer sich selbst akzeptiert, sich annimmt so, wie er ist, seine Stärken und Schwächen kennt und mit ihnen umzugehen weiß (→ Kapitel *Die heilsamen Kräfte des Vertrauens und Glaubens,* Seite 176 ff.), wer gut zu sich ist und gut mit sich lebt, wer achtgibt auf die Signale seines Körpers und seiner inneren Stimme, seiner Seelenstimme läuft nicht so schnell Gefahr, aus der Bahn geworfen zu werden und seine Richtschnur zu verlieren. Eine gesunde Selbstliebe ist eine wichtige Voraussetzung, um mit Problemen, Belastungen und Stress umzugehen, um Unabänderliches geduldig zu ertragen und durchzuhalten. Dagegen haben das Sich-selbst-Bespiegeln und übermäßiges Selbstreflektieren nichts mit selbstloser Liebe zu tun.

Das Geschenk der Liebe kann ich anderen weitergeben. Es entfaltet seine Wirkung im Miteinander, im Zusammenleben mit einem Partner, im alltäglichen Umgang mit anderen Menschen in der Arbeit oder sonst wo. Sichtbar wird diese Wirkkraft in Worten und Taten, in vorurteilsfreier Begegnung, in Empathie (Freude und Leid mittragen), in Einfühlungsvermögen, Großherzigkeit (unkompliziertes Teilen), Großzügigkeit (dem anderen ebenfalls Fehler zugestehen), Entgegenkommen und Verzeihen.

Die heilsame Kraft der Liebe kann uns helfen, den Alltag zu bestehen; denn Liebe ist das Gegenmittel zur Angst. Sich immer wieder auf die Heilkraft der Liebe zu besinnen, sich ihrer zu vergewissern, ist lebensfördernd. Mit dieser Heilkraft lassen sich nicht nur gute Zeiten gestalten, sondern schlechte Zeiten besser überstehen.

Impuls

Die heilsame Kraft der Liebe in all ihren Facetten ist unbegrenzt, auch dann, wenn man denkt, nicht mehr zu können und am Ende zu sein. Versuchen Sie heute, ganz bewusst die Situationen wahrzunehmen, in denen Ihnen Liebe geschenkt wird – und versuchen Sie, Situationen zu finden, in denen Sie Liebe aller Art schenken können. Vielleicht müssen Sie gleich jetzt jemanden anrufen, eine Karte schreiben oder eine Kerze für jemanden anzünden.

Wer an die grenzenlos mächtige Heilkraft der Liebe Gottes glaubt, erlebt, dass Unvorstellbares passieren kann: Wie kommt plötzlich eine Versöhnung zwischen zwei verfeindeten Parteien zustande? Er erlebt, dass Heilung geschehen kann: Wie kann das sein, dass sich allen

ärztlichen Prognosen zum Trotz, eine deutliche Verbesserung des Gesundheitszustandes feststellen lässt?
Er erlebt, dass Wandlung, Verwandlung einen Menschen radikal verändern kann: Wie hat diese gescheiterte Existenz plötzlich wieder Richtung und Kontur bekommen?
Er erlebt, wie sich eine grenzenlose tiefe innere Freude ausbreiten kann auf alle Menschen der Stadt: Wie können so viele Tausend Menschen aus aller Herren Länder am Weltjugendtag 2019 in Panama eine solche geballte positive Energie und Freude ausströmen, die dann sogar noch auf andere überspringt?
In der Bibel können wir lesen: »Gott ist die Liebe« *(1 Joh 4,7–12)*. Dieses Geschenk ist wie eine Nabelschnur zwischen Gott und den Menschen. Gott begegnet uns mit der heilsamen Kraft seiner Liebe. Sie ist Ursprung und Quell unserer Liebe. Evangelische Christen erleben dies hautnah, fühlbar und zu schmecken beim Abendmahl, Katholiken im Sakrament der Kommunion.
In seiner grenzenlosen barmherzigen Liebe vergibt uns Gott unser manchmal heilloses Tun und Denken, unser liebloses, gedankenloses, auf uns selbst fixiertes Agieren. Die mächtige Heilkraft seiner Liebe kann dieses Chaos ordnen, sie lässt uns immer wieder einen neuen Anfang finden zu einer sinnvollen, heilsamen Lebensgestaltung. Für alle Christen findet das seinen Ausdruck in Bußandachten und Bußgottesdiensten, für Katholiken im Sakrament der Beichte. Dies befähigt Menschen, sich selbst und anderen zu verzeihen: »Nun aber bleiben Glaube, Hoffnung, Liebe, diese drei; aber die Liebe ist die größte unter ihnen« *(1 Kor 13,13)*.
Es ist der »Spitzensatz« des sogenannten *Hohelieds der Liebe* im Neuen Testament, das bei Trauungen auch gern als Lesung genommen wird. Glaube und Hoffnung sind Grundlage jeder Ehe, werden aber von der Liebe als wichtigste Grundhaltung des Herzens noch übertroffen und gleichzeitig von ihr getragen.

Die heilsamen Kräfte des Vertrauens und Glaubens

»Die größte Ehre, die man einem Menschen antun kann, ist die, dass man zu ihm Vertrauen hat.«

Matthias Claudius

»Vertrauen ist das Gefühl, einem Menschen sogar dann glauben zu können, wenn man weiß, dass man an seiner Stelle lügen würde.«

Henry Louis Mencken

Vertrauen und Glauben sind Anker, sie geben Halt. Sich vertrauen, Vertrauen schenken, Vertrauen empfangen – glauben, an sich glauben, Glauben schenken und Glauben empfangen: Darin stecken die Heilkräfte von Vertrauen und Glauben. Grundlage dieser Heilkräfte ist das Urvertrauen.

Urvertrauen gehört zur Mitgift des Lebens. Schon angelegt, entwickelt das Kind in den ersten Lebensmonaten eine innere emotionale Sicherheit. Wenn Eltern sich kontinuierlich liebevoll um das Kind kümmern und es in der Entwicklung unterstützen, wird Urvertrauen gestärkt. Das ist ein sich immer weiter entwickelndes positives Grundgefühl, das möglich macht, anderen Menschen zu vertrauen, wenn sie wohlgesonnen sind und die Beziehung zu ihnen verlässlich ist. Urvertrauen ist notwendig, um Bindungen zu anderen Menschen einzugehen, Nähe zuzulassen und sich geborgen fühlen zu können. Wer auf jemanden baut, von jemandem das Gefühl hat, sich auf ihn ganz verlassen zu können, setzt in diesen Menschen sein ganzes Vertrauen. Vertrauen ist letztendlich Grundlage des menschlichen Zusammenlebens.

Urvertrauen und Vertrauen in die eigene Person sind eng miteinander verknüpft. Selbstvertrauen wächst mit dem Vertrauen zu sich selbst, in die eigenen Fähigkeiten und Kräfte. Durch Ausprobieren, Neues wagen, mutig vorwärts gehen lässt sich Selbstvertrauen stärken und immer weiterentwickeln. Gesundes Selbstvertrauen ist eine wichtige Voraussetzung für seelisches und körperliches Wohlbefinden, es stärkt das Kohärenzgefühl: Leben und Situation passen zusammen (→ Kapitel *Hirnforschung und Selbstheilungskräfte,* Seite 195 ff.). Selbstvertrauen lässt sich stärken und aufbauen.

Impuls

Vielleicht können Sie sich mit den folgenden Gedanken Ihrer eigenen heilsamen Kräfte des Selbstvertrauens bewusster werden und sie stärker nutzen: Kennen und nutzen Sie Ihre Fähigkeiten und Stärken? Sicher kennen Sie auch Ihre Fehler und Schwächen. Können Sie Fehler und Schwächen akzeptieren? Behindern diese Sie – mich behindert beispielsweise meine Ungeduld in manchen Gesprächen –, und merken Sie das?
Stellen Sie sich Ihren Ängsten, ohne sie zu meiden oder sich von Ihnen gängeln zu lassen? Wagen Sie auch immer wieder einmal etwas Neues, begeben Sie sich in Unbekanntes, und bieten Sie Ihren Ängsten die Stirn. Da gibt es sicher auch Erfolgserlebnisse, die jetzt ausgegraben werden können.

Vergessen Sie nicht: Nach dem Motto zu leben »Was auch immer auf mich zukommt, ich kann damit umgehen, ich kann eine Lösung finden!« hat heilsame Kräfte und ist lebensförderlich!

In einem schönen Bild malt der folgende Text Vertrauen und seine Heilkraft aus:

> »Wo ein Mensch Vertrauen gibt, nicht nur an sich selber denkt, fällt ein Tropfen von dem Regen, der aus Wüsten Gärten macht.«[39]
>
> *Hans-Jürgen Netz*

Vertrauen bedeutet in seiner Tiefendimension für den Menschen den unerschütterlichen Glauben, ja fast eine Art Gewissheit zu haben: »Was auch immer kommen mag, es wird letztendlich gut werden.«

Das ist die feste Lebensbank für Menschen, die glauben. Wer will, kann sich das als eine Art Vorschussvertrauen ins Leben vorstellen: »Ich glaube an das Leben und daran, dass letztendlich alles gut sein wird.« Dieser Satz macht stark, macht immun gegen Wankelmütigkeit, schützt vor allzu viel Zaudern und lässt der Angst keine Macht; denn Urvertrauen und Glaube sind das Gegenteil von Angst. Glaube ist eine große Kraft, die uns zur Verfügung steht. Solcher Glaube trägt auch in schwerer Zeit, Not, Krankheit und bei Schicksalsschlägen. Wer Vorschussvertrauen gibt, endet nicht im Strudel der Angst und Ohnmacht. Vertrauen und Glaube sind zwei unglaublich starke Partner und Heilkräfte zur Lebensbewältigung und ein probates Mittel gegen Lebensangst.

Uns ist dazu ein englischer Spruch in die Hand gefallen, der als Akzent gegen die Angst vielleicht so manches Mal hilfreich ist: »Fear knocked at the door. Faith opened the door – and no one was there.« Zu Deutsch: Die Angst klopfte an die Tür. Das Vertrauen und der Glaube öffneten – und niemand stand da.«

> »Wir gehören doch nicht zu den Menschen, die den Mut verlieren und deshalb zugrunde gehen! Vielmehr gehören wir zu denen, die Gott im Glauben vertrauen und das Leben gewinnen.«
>
> *(Hebr 10,39)*

Der christliche Glaube ist eine Kraft, die wir nutzen können. Wenn in der Bibel vom Glauben die Rede ist, ist damit immer eine wechselseitige Beziehung gemeint. Das entsprechende hebräische Wort dazu heißt *aman* und bedeutet *festmachen, festhalten, trauen*. Es geht also um ein Vertrauensverhältnis zwischen Gott und Mensch. Das kommt so wunderbar zum Ausdruck, wenn wir der folgenden Bibelstelle nachgehen: »Jesus wandte sich um, und als er sie sah, sagte er: Hab keine Angst, meine Tochter, dein Glaube hat dich gerettet! Und von dieser Stunde an war die Frau geheilt« *(Mt, 9,22)*.

Die kranke Frau hat die Kraft und das Vertrauen genutzt, ist über ihre Angst hinweggegangen und hat Jesus am Saum seines Gewandes berührt. Eigentlich eine Ungeheuerlichkeit für eine Frau und für die damalige Zeit! Und Jesus wandte sich ihr zu und hat sie geheilt. Zuwendung von beiden Seiten, getragen von einer vertrauensvollen Beziehung. Festhalten an der Beziehung zwischen Gott und Mensch zeigt sich auch im Fragen, Zweifeln und Nachdenken. Auch das gehört zum Glauben. So gesehen, lässt sich Glaube als Grundhaltung des Lebens charakterisieren. Der Mensch weiß sich in der Beziehung zu Gott aufgehoben und geborgen. Daraus kann sich eine Kraft entwickeln, die über Gräben trägt, Berge überwinden lässt und Wunden und Verletzungen heilen kann – und letztendlich Grenzen sprengt. Welches Vertrauen von Ich zu Du im Glauben steckt, wird in diesem Text hervorgehoben:

Meine engen Grenzen, meine kurze Sicht
    bringe ich vor dich.
Wandle sie in Weite, Herr, erbarme dich.
Meine ganze Ohnmacht, was mich beugt und lähmt
    bringe ich vor dich.
Wandle sie in Stärke, Herr, erbarme dich.
Mein verlornes Zutraun, meine Ängstlichkeit
    bringe ich vor dich.
Wandle sie in Wärme, Herr, erbarme dich.
Meine tiefe Sehnsucht nach Geborgenheit
    bringe ich vor dich.
Wandle sie in Heimat, Herr, erbarme dich.[40]

Eugen Eckert

Ihre engen Grenzen? Ihre Ohnmacht, Ängstlichkeit und Sehnsucht? Gibt es eine Beziehung von Ich zu Du, zu Ihrem Schöpfer, der die Grenzen in Weite wandeln kann, der Sie stärkt, Ihnen Zutrauen und

Heimat gibt? Hoffentlich sind Sie der Kraft des Glaubens in Ihrem Leben schon einmal begegnet.
Möglicherweise erinnern Sie sich daran. Da hat der Glaube, das unerschütterliche Vertrauen, die Hoffnung gestärkt und tatsächlich Berge versetzt. Glauben ist eine Kraft, die man gebrauchen kann und die heilt. Nutzen Sie das?

Die heilsamen Kräfte der Hoffnung

»Drei Dinge helfen, die Mühseligkeiten des Lebens zu tragen: die Hoffnung, der Schlaf und das Lachen.«

Immanuel Kant

Hoffnung ist wie ein Seil, an dem man sich festhalten oder herausziehen kann. Das hebräische Wort für Seil bedeutet auch Hoffnung. Zur Liebe und zum Vertrauen und Glauben gehört als dritte Lebenskraft die Hoffnung, der Mutmotor, die Mutmacherin. Diese urmenschlichen Kräfte gehören so eng zusammen, dass es schwer ist, das jeweils eigene Spezifikum herauszufinden. Hoffnung ist eine – wie Liebe und Vertrauen – menschliche Grunderfahrung und Kraft. Hoffnung ist der Motor für den Mut, das Schicksal in die eigenen Hände zu nehmen. Sie hilft, schwierige Zeiten zu überstehen. Um die vielfältigen Facetten der Heilkraft *Hoffnung* ein bisschen zu beleuchten, hilft es vielleicht, Grenzbegriffe, auch negativer Art, zu betrachten.

Hoffnung als Lebenskonzept

Hoffnung ist nicht einfach das Gegenteil von Hoffnungslosigkeit: Wer ohne Hoffnung ist, gibt sich selbst auf, gibt sich der Verzweiflung hin, der Ohnmacht. Daraus erwächst die Einstellung, dass alles sinnlos sei und sowieso seinen Weg gehe. Der Fatalismus als lebensverneinende

Kraft kann wirken. Hoffnung dagegen meint eine innere Fähigkeit und Stärke. Menschen, die hoffen, erwarten einen guten Ausgang einer Situation, sie glauben an den Sinn einer Situation, und sie können sich auch auf Negatives einstellen. Hoffen heißt für sie, sich flexibel einzustellen auf Neues, wenn nötig auch auf Schmerzliches.

So gesehen ist die Heilkraft *Hoffnung* ein Lebenskonzept. Flexibel, anpassungsfähig, zukunftsorientiert und tragfähig. Es dreht sich hier nicht um Trugbilder, Fantastereien, Illusionen oder blinden Optimismus. Vielmehr geht es bei Hoffnung um Freiheit, um eine innere Freiheit. Entscheidend wird sein, wie wir diese Freiheit nutzen, wie wir uns zum Vorgegebenen, zum Schicksalhaften, zu einer Situation einstellen. Hoffnung, das Gespür für das Mögliche in unterschiedlichen zeitlichen Perspektiven. Das »Prinzip Hoffnung« (Ernst Bloch) gilt genauso für den Alltag, für die kleinen Nöte, wie für Krankheit und tiefe Schluchten. Und dies beinhaltet eine große innere Offenheit für Entwicklungen aller Art. Der zentrale Punkt ist das Gespür für das Mögliche. Diesem Gespür ist die zeitliche Perspektive, die sehr variieren kann, untergeordnet. Wir denken zum Beispiel an die Hoffnung, die sich in einem Augenblick zeigt.

EIN PERSÖNLICHES ERLEBNIS

Ich wohnte als Schülerin an einem die Stadt Würzburg umgebenden Berg. Das hatte den Vorteil, dass mein Schulweg ins Gymnasium nur bergab ging und das Fahrrad allein seinen Weg fuhr. Ich musste nur lenken und bremsen. Das ging so lange gut, bis ich eines Tages so schnell wurde, dass ich die Kontrolle verlor. Ich konnte gerade die letzte große Kurve nicht mehr meistern und fuhr ungebremst über eine wenig befahrene Kreuzung. Ich sah nur noch im Augenwinkel das Auto in der Kreuzung stehen: Dieser Augenblick: »Hoffentlich geht das gut« – und es ging gut.

Gertrud Weidinger

Solche Situationen kennen Sie sicherlich auch. Dieser Augenblick der Hoffnung – nach einer Untersuchung, bei einem Telefonat … Die Spannweite zieht sich vom Augenblick des Hoffens zum Hoffen über eine längere Zeitspanne, z. B. Hoffen auf einen guten Tagesverlauf oder Hoffen in der Schwangerschaft auf eine glückliche Geburt oder Hoffen auf die Rückkehr eines wichtigen Menschen über viele Wochen, Monate, Jahre (zutreffend für viele Männer, die in Kriegsgefangenschaft waren). Immer steht das Gespür für das Mögliche dahinter.

Anderen Menschen Hoffnung schenken

Hoffnung ist eine riesige Kraftquelle und eine enorme Ressource. Erst allmählich wird die Bedeutung dieser Kraftquelle bei Krankheiten und im pflegerischen Bereich erkannt. Noch immer wird in diesem Bereich mehr auf medizinische Heilkräfte (Tabletten u. a.) gesetzt als auf die Heilkraft der Hoffnung. Und dabei ist sie so groß, und es gibt nicht umsonst die Redewendung:
Die Hoffnung stirbt zuletzt!

> »Wir hoffen immer auf den nächsten Tag, wahrscheinlich erhofft sich der nächste Tag einiges von uns.«
>
> *Ernst R. Hauschka*

Anregungen, sich der Heilkraft *Hoffnung* bewusster zu stellen, sie zu aktivieren und zur Kraftquelle, zur Heilkraft in schwierigen Zeiten werden zu lassen:

- Wann haben Sie das letzte Mal an Hoffnung gedacht?
- Haben Sie das Wort ausgesprochen, zu welcher Gelegenheit? (»Ich habe die Hoffnung, dass …«).
- Welche Bedeutung hatte es in dieser Situation für Sie? Vielleicht war es Ausdruck der Hoffnung, vielleicht auch Ausdruck des Mitleidens …

- Haben Sie Hoffnung schon einmal in einer hoffnungs*losen* Situation gefühlt – und Sie sind dennoch heil herausgekommen?
- Welche Gedanken und Gefühle hat das in Ihnen ausgelöst (Befreiung, Leichtigkeit, Unglauben, Dankbarkeit)?
- Wo liegen die Wurzeln Ihrer Hoffnung? Wird Ihnen Ihre Hoffnung vorgelebt, ist sie abgeschaut bei Hoffnungsträgern? Oder haben Sie sich das Konzept Ihrer Hoffnung selbst erarbeitet, aus Ihrem Glauben, Ihrer Spiritualität heraus?
- Wo möchten Sie mit Ihrer Hoffnung hin? Wie lange wird Ihre Hoffnung tragen?

»Mensch, werde menschlich, glaube mir, es lohnt sich! In aller Weltenfurcht halte die Hoffnung durch – halte durch, halte durch, halte durch!«

Wolfgang Poeplau

Die heilsamen Kräfte des Trostes

»Trost gibt der Himmel, vom Menschen erwartet man Beistand.«

Ludwig Börne

»Mit einem Bild möchte ich etwas Tröstliches sagen, so wie Musik tröstlich ist.«

Vincent van Gogh

Im etymologischen Wörterbuch wird der Begriff *Trost* mit *Zuversicht, zuverlässig, stark* und *treu* oder *trauen* in Verbindung gebracht. Der Wortstamm *Trost* steckt auch in *tröstlich, vertrösten, untröstlich, getrost.* Eine Bekannte hat Trost so definiert: »Trost ist etwas, was jemanden in seinem Leid, seiner Niedergeschlagenheit aufmuntert.«

Eine intensive, lange Beziehung geht in die Brüche, eine unheilbar kranke Freundin liegt im Sterben, ein lieber Mensch ist gestorben. Unveränderliche Schicksalsschläge, manchmal von einer Zehntelsekunde auf die andere, manchmal ein langsamer Prozess, immer aber Grenzsituationen, die völlig ratlos machen, lähmen, die Luft rauben, in Schock versetzen. In solchen traurigen Tagen brauchen wir Trost. Trösten und Trost suchen, empfangen, beschenkt werden und schenken, das ist aktiv und passiv.

Wer sucht Trost?

- Wer mit sich selbst nicht im Reinen ist, innerlich zerrissen und un-heil.
- Wer ratlos ist, keinen Rat für sich mehr weiß.
- Wer in Entscheidungsnöten steckt.
- Wer Niederlagen, Kränkungen und Missachtung einstecken muss.
- Wer schwierige Lebenslagen zu meistern hat.
- Wer mit Krankheit und Ausweglosigkeit konfrontiert ist.
- Wer dem Tod gegenübersteht.

In solchen Nöten suchen Menschen zunächst für und in sich Trost und Halt, suchen nach Vertrauen in sich selbst (»Ich traue mir«), suchen in sich den Nothelfer. Wer in solchen Situationen steht, ist meist offen dafür, Trost von anderen zu empfangen, getröstet zu werden. Er lässt sich mit Trost beschenken. Wer solche Nöte kennt, weiß um die Bedürftigkeit Trostsuchender und kann selbst Trost spenden und schenken. Dies besonders dann, wenn es um Menschen geht, die einander nahestehen.

Die heilenden Kräfte des Trostes entfalten sich also sowohl im Einzelnen selbst (Trost für sich selbst finden) als auch in anderen (Menschen, die wir lieben, spenden wir gern Trost; Trost sein und Trost anderen schenken), in der Gemeinschaft (sich gegenseitig trösten) als auch darin, Trost zu empfangen (getröstet werden von anderen Menschen, von Dingen, Situationen, Erlebnissen, Erfahrungen). Die Heilkraft des Trostes bezieht – ähnlich wie die Liebe – sehr viele andere Heilkräfte mit ein, sie lebt von der starken Verbindung unterschiedlicher Heilkräfte.

Die Heilkraft Trost hat viele Gesichter

EIN PERSÖNLICHES TROSTERLEBNIS

Unser siebenjähriges Enkelkind Luniz war in den Sommerferien einige Tage bei uns zu Gast. Gern spielte sie in dieser Zeit mit einem kleinen kuscheligen Schäfchen. Das brachte sie früh immer zu mir ins Bett mit.
Die Zeit des Abschieds nahte, und sie wusste, dass ich mit Abschied nicht so recht befreundet bin. Der Abschied kam, und meine Tränen rollten. Sie verabschiedete sich überaus herzlich wie immer in der großen Vorfreude auf ihre Eltern und fuhr mit ihrem Opa zurück nach Berlin. Ich blieb allein zu Hause zurück und war im Moment untröstlich – bis ich ins Schlafzimmer ging, um die Betten zu machen. Da empfing mich neben meinem Bett, angelehnt an den Wecker, das kleine Kuschelschaf!
Welch ein Trost! Das kleine siebenjährige Mädchen! So viel Empathie, so viel Liebe, so viel Mitgefühl! Sie hinterlässt an prominenter Stelle, dort, wo nach dem Aufwachen der erste Blick hinfällt, ein kleines Stück von sich zu meinem Trost!
Seitdem steht das Schäfchen an der gleichen Stelle, und Luniz begrüßt mich täglich als Erste.
Später danach gefragt, erzählt sie, dass sie das Schäfchen bewusst in einem unbewachten Augenblick dorthin gestellt hat, um mir die Zeit leichter zu machen, bis wir uns wiedersehen.

Gertrud Weidinger

Was unsere Enkelin mir da geschenkt hat, waren Aufmunterung und Aufrichtung zur rechten Zeit. Sie hat an die Heilquelle Hoffnung appelliert, die Mut zuspricht: Es wird wieder gut. Sie hat diese Geste versehen mit einer Zugabe, dem kleinen Symbol, das uns beide verbindet.

Impuls

Es gibt einen Strauß voll Möglichkeiten, getröstet zu werden, andere oder sich gegenseitig zu trösten:

- Ein mitfühlendes Lächeln in der U-Bahn für den, der seinen Blick bedrückt auf den Boden richtet, und ihm den Gedanken schenken: »Ich bin jetzt gerade im Moment bei dir.«
- Einfach da sein, vielleicht nur Schweigen miteinander aushalten und signalisieren: »Ich bin jetzt ganz bei dir.«
- Da sein und nur hinhören.
- Präsent sein und schweigend einen Weg miteinander gehen.
- Wenn die eigenen Worte fehlen, eine Karte mit einem tröstlichen Zitat, einem Spruch, einem Gedicht übermitteln, vielleicht sogar liebevoll mit der Hand geschrieben: »Ich denke an dich und schicke dir Kraft!«

Wenn wir selbst in großer Not sind, erreicht uns manchmal kein Trost von außen. Dann müssen wir uns bemühen, an unsere ganz innersten Heilkräfte des Trostes zu kommen, uns selbst Trost zu schenken. Augustinus, der große Kirchenlehrer, hat für solche Zeiten ganz konkrete Empfehlungen gegeben: Übersetzt in unsere Zeit, würde man sagen: Sorgen Sie jetzt besonders gut für sich – das andere können Sie nicht mehr ändern! Es geht ihm vor allem darum, auf das körperliche Wohl zu achten und äußere Rahmenbedingungen zu verbessern:

- Ziehen Sie sich warm genug an.
- Gehen Sie spazieren.
- Nehmen Sie ein ausgiebiges warmes Bad.
- Gehen Sie in die Sauna.
- Essen und trinken Sie gut.

- Hören Sie Ihre Lieblingsmusik.
- Versuchen Sie, ausreichend zu schlafen.

Sie finden sicher noch mehr, ganz individuelle Möglichkeiten, sich in diesem Moment körperlich etwas Gutes zu tun. An die eigenen innersten Heilkräfte des Trostes zu kommen, gelingt auch, indem wir die Aufmerksamkeit in unsere Tiefe richten:

- Schöpfen Sie die Heilkraft der Stille aus.
- Kommen Sie im meditativen Malen eines Mandalas in Ihre Tiefe.
- Lassen Sie sich fallen in Musik, Malerei, Bewegung, Kunst in allen Facetten.
- Geben Sie sich hinein in ein tröstendes Gedicht, eine Geschichte, in Trostsprüche und Trostgedanken, und verleihen Sie diesen kreativ Ausdruck, z. B. durch Malen, Neu-Schreiben, Gestalten.

EINE KLEINE GESCHICHTE

Ich kenne eine Frau, deren zwei Enkelkindern der Kontakt zu ihr verboten wurde. Da sie sehr eng mit beiden die Kindheit gestaltet hatte, war dieser Kontaktverlust überaus schmerzlich, und sie fand keinen Weg, sich zu trösten. Auch der Trost von außen kam nur in geringem Maße an. Erst der Weg über das Malen konnte ein bisschen trösten. Sie aquarellierte ein großes rotes Herz. Das war ihr Weg.

Eine weitere Möglichkeit, in sich selbst Trost zu finden, liegt darin, die Aufmerksamkeit nach außen zu richten (nicht um sich zu zerstreuen, sondern damit man sich nicht festbeißt an der trostlosen Situation, nicht einschnürt in den Kummer):

- Machen Sie einen Spaziergang in der Natur, nehmen Sie die Luft, das Licht, den Wind, die Erde wahr, riechen Sie, erleben Sie mit allen Sinnen, umfassen Sie einen Baum, betrachten Sie einen Grashalm, beobachten Sie das Getier auf einem kleinen Stück Erde.

- Kümmern Sie sich um einen bedürftigen Menschen, teilen Sie Zeit mit ihm.
- Widmen Sie sich ganz einer sinnvollen Aufgabe.

Ein paar Minuten für den,
der Verständnis braucht.
Ein freundliches Gesicht für den,
der uns begegnet.
Eine Umarmung für den,
der traurig und belastet ist.
Ein Blick des Mitgefühls für den,
der Leid trägt.[41]

Aus einem Pflegeheim

Trost in der Trauer um einen lieben Menschen

Der Tod eines geliebten Menschen gehört zu den einschneidendsten Erfahrungen des Lebens. Die Unwiederbringlichkeit und Endgültigkeit lässt uns verstummen, in tiefe Trauer und manchmal auch in Abgründe versinken. Man erlebt sich wie gelähmt, unfähig, einen klaren Gedanken zu fassen oder etwas zu durchdenken. Alles dreht sich um diesen Verlust. Wir sind bis ins Tiefste auf uns selbst zurückgeworfen. Verschiedenste Gefühle können uns in dieser Situation in Besitz nehmen: Angst, Einsamkeit, Sehnsucht und Hoffnung, Dankbarkeit, manchmal auch Wut und Empörung, Verletzung. All die Gefühle und Gedanken des endgültigen Abschiednehmens dürfen sein. Sie haben Platz und brauchen Platz und Raum in uns. All das Unsagbare will zunächst einen Ausdruck finden. Ob wir unsere Tränen fließen lassen und haltlos weinen, ob wir in Dankbarkeit unsere Gedanken an Gewesenes zurücklenken, ob wir Trostmenschen, einen Trostort aufsuchen oder in eine Starre versinken, jeder geht mit dieser Verlustsituation auf seine eigene Wesensart um.

Alles hat seine Zeit – unter dem Himmel und auf der Erde. Die Trauer wird sich verändern, neue Gedanken, Sichtweisen und Erinnerungen werden kommen. Sprüche wie »Zeit heilt Wunden«, oder »Es wird schon wieder« helfen manchmal nicht weiter, weil sie oft nur so dahingesagt und nicht mit dem betroffenen Menschen auf die persönliche Bedeutung hin ausgelotet werden (»Was kann das für dich persönlich heißen?«).

Trauer braucht Zeit und Raum. Es gibt keinen Zwang, nach dieser oder jener Zeit wieder aus dem Trauerloch herauszukriechen und neu anzufangen. Da sind die Heilkräfte Geduld, Hoffnung und Vertrauen gefragt. Es gibt ein sehr tröstendes und stärkendes Buch mit dem Titel »In der Trauer lebt die Liebe weiter« von Elisabeth Lukas.[42] Darin entfaltet die Autorin den Zusammenhang zwischen Trauer und Liebe und lässt so die Heilkraft des Trostes aufleuchten angesichts des Todes. Denn Trauer ist ein »Wissen um ein verlorenes Kostbares«[43]. Dies kann von niemandem und nichts weggenommen werden, ebenso wie die Liebe. Ähnliches sagt der Satz aus: »Fürchte dich nicht, du gehst nicht verloren, bleib bei den Traurigen, teile ihr Unglück, so groß die Liebe, so groß der Schmerz.«[44]

Trauer braucht aber auch einen Raum, um gestaltet zu werden, sonst schnürt sie uns alle Lebensadern ab, und das Leben verlangt doch danach, gelebt zu werden! Die Heilkraft des Trostes in ihren vielen Formen kann sich hier wirksam entfalten.

Die Heilkraft der dankbaren Erinnerung

Der dankbare Blick zurück auf das Geschenk, diesen geliebten Menschen gehabt zu haben, schenkt Trost. All die Erinnerungen, das Erlebte und Gewesene bleiben bei uns, durch den Tod sind sie ja nicht fortgewischt. All das unter dem Augenwinkel der Dankbarkeit anzuschauen, tut gut und ist heilsam. Leben ist eben ein Geschenk auf Zeit, und es lässt sich nicht irgendwie verdienen. Das Geschenk des Lebens zu würdigen, ist tragend, schon zu Lebzeiten.

Die Heilkraft eines Trostmenschen

Wenn Sie in dieser Trauerzeit einen Trostmenschen brauchen, suchen Sie in Gedanken nach Menschen in Ihrem Bekanntenkreis, die Ihnen in kleinen Dingen zur Seite standen oder stehen.

Impuls

Überlegen Sie, was Sie an diesen Menschen schätzen, was Ihnen guttut: die Art des Zuhörens, die Stimme, die Gelassenheit beim Gespräch? Könnte einer von diesen Menschen ein Trostmensch für Sie werden und sein? Entscheiden Sie nach Ihrem Bauchgefühl. Bitten Sie um ein Gespräch.

Am Ende des Gespräches bitten Sie Ihren Trostmenschen um ein häufiges »Vergiss-mein-Nicht«. Dieser Gedanke wird Sie stärken und gelassen machen.

Die Heilkraft eines Trostortes

EIN PERSÖNLICHES ERLEBNIS

Als mein Vater gestorben war, überkam mich lange Zeit immer wieder eine abgrundtiefe Untröstlichkeit. Nichts und niemand konnte mir helfen. Bis eines Tages meine Gedanken zu seinem letzten Besuch bei mir gewandert sind. Ich habe mir diesen Tag nochmals vorgestellt: Was hatte er an, wie war er gestimmt? Was haben wir da zusammen unternommen? Ja, wir waren in Starnberg, sind die Uferpromenade entlanggegangen, ich hatte mich bei ihm untergehakt.
Das war mein Trostort! Ich besuchte diesen Ort sofort, ging die Uferpromenade entlang, hakte mich in Gedanken bei ihm ein, redete mit ihm – und bin getröstet nach Hause zurückgefahren.

Gertrud Weidinger

Hoffentlich haben und finden Sie Ihren eigenen Trostort: Das können Flecken sein, die in Verbindung zu schönen Erlebnissen stehen und eine angenehme Atmosphäre wachrufen, zum Beispiel die Bank im Park oder Garten, eine Waldlichtung, ein See, ein besonderer Baum, eine kleine Kapelle, ein Weg, ein Bach, Felder. Die Natur ist eine wunderbare Trösterin! All die in der Natur wahrzunehmenden Schätze können in betrübten, trüben Tagen Sonne, Helligkeit, neuen Mut und Hoffnung ins verzagte Herz bringen. Weiterführende Übungen zum Thema Trost vermitteln wir auch in unserem Kompakt-Ratgeber »Achtsamkeit für jeden Tag«. Halten Sie trotz Trauer am Leben fest!

Du bist nicht tot,
Du wechselst nur die Räume.
Du lebst in uns und gehst
durch unsere Träume.

Michelangelo

TROST IN GOTT FINDEN: SPUREN IM SAND

Ich träumte eines Nachts,
ich ging am Meer entlang mit meinem Gott.
Und es entstand vor meinen Augen,
Streiflichtern gleich, mein Leben.
Nachdem das letzte Bild an uns
vorbeigeglitten war, sah ich zurück
und stellte fest,
dass in den schwersten Zeiten meines Lebens
nur eine Spur zu sehen war.
Das verwirrte mich sehr,
und ich wandte mich an meinen Gott:

»Als ich dir damals alles,
was ich hatte, mein ganzes Leben,
anvertraute, da sagtest du,
du würdest immer bei mir sein.
Warum hast du mich verlassen,
als ich dich am nötigsten brauchte?«
Da nahm Gott meine Hand und sprach:
»Geliebtes Kind, nie ließ ich dich allein,
schon gar nicht in Zeiten der Angst und der Not.
Wo du nur ein Paar Spuren im Sand erkennst,
sei ganz gewiss: Da habe ich dich getragen!«

Unbekannt

Papst Franziskus hat zum Thema Trost eine Predigt gehalten. Er bezog sich dabei auf die Bibel und das Trostbuch, das von der Aufforderung an die Propheten berichtet, das Volk im babylonischen Exil zu trösten, weil seine Schuld beglichen ist: »Tröstet, tröstet mein Volk, spricht euer Gott« *(Jes 40,1–11)*. Das ist die Freudenbotschaft von unserer Rettung, so Franziskus, und es gehe darum, sich nicht gegen den Trost Gottes zu sperren.

Auch in den vierzig Tagen nach seiner Auferstehung habe Jesus genau das getan: Er hat die Jünger getröstet. Wie oft aber sperren wir uns gegen den Trost des Herrn, als ob wir in den turbulenten Gewässern unserer Probleme sicherer wären, fragte der Papst. »Wir halten an der Trostlosigkeit, den Problemen, den Niederlagen fest, während der Herr doch alles versucht, um uns zu trösten. Aber wir sperren uns gegen seinen Trost. Das sieht man auch bei den Jüngern am Ostermorgen. Sie wollen berühren, ganz sicher sein. Weil sie Angst haben vor einer Niederlage.« Und der Papst weiter: »Doch wie tröstet der Herr? Mit Zärtlichkeit.« Ein Wort, das viele Menschen nicht mehr kennen und/oder nicht mehr kennen wollen. Seine Begründung lautet: Zärtlichkeit macht vielen Menschen Angst. Aber Zärtlichkeit beruhigt. Eine Mutter beruhigt ihr Kind mit Zärtlichkeit. Wenn es weint, streichelt sie es. Und doch, so beklagt der Papst, hat unsere Welt gerade dieses Wort – Zärtlichkeit – aus ihrem Vokabular gestrichen. Gott lade uns also ein, uns von ihm trösten zu lassen, und das müsse auch unser Leitfaden sein. »Die Grundhaltung des Christen muss der Trost sein. Auch in Zeiten der Prüfung«, unterstreicht Franziskus. »Die Märtyrer, die das Kolosseum betreten haben, haben gesungen. Die Märtyrer von heute – die koptischen Arbeiter, die am Strand von Libyen enthauptet wurden – sind mit den Worten Jesu auf den Lippen gestorben. Es gibt einen Trost, der aus unserem Inneren erwächst; eine Freude, die uns auch im Moment der schwierigsten Prüfung nicht verlässt. Der Trost, diese positive Grundhaltung ist es, was einen positiven Menschen auszeichnet: die Positivität, die Leuchtkraft des Christen ist der Trost.« So endete der Papst seine Predigt.[45]

Besser lässt sich Trost im Hinblick auf das Christentum nicht ausdrücken, finden wir.

Wer aus der Bibel Trostworte ziehen will, findet dazu sehr viele Bibelstellen. Hier eine kleine Auswahl: *Hi 21,1; Ps 119,50* und *52; Jes 66,13; Sach 1,13*.

AUSKLANG: EINE ANDERE PERSPEKTIVE

Hirnforschung und Selbstheilungskräfte

Zur Heilkraft christlicher Rituale und Symbole haben wir noch einen anderen sehr interessanten Zugang gefunden: die Heilkraft der Selbstheilungskräfte. Wir sind darauf gestoßen, als wir das Buch »Raus aus der Demenzfalle. Wie es gelingen kann, die Selbstheilungskräfte des Gehirns rechtzeitig zu aktivieren«[46] des renommierten Hirnforschers Gerald Hüther gelesen haben. In diesem Buch entfaltet er mithilfe der sogenannten Nonnenstudie die neuesten neurobiologischen, empirisch abgesicherten wissenschaftlichen Erkenntnisse der Hirnforschung im Zusammenhang damit, dass auffällig viele Nonnen an Körper, Geist und Seele gesund und heil sind trotz eines Gehirns, das genauso demenzielle Erscheinungen aufweist wie bei anderen Menschen. Die Frage, die Hüther sich stellte: Was hält diese Nonnen gesund (Salutogenese)? Die Selbstheilungskräfte spielen dabei eine zentrale Rolle, und es gilt, sie zu stärken.

Nachdem wir das Buch neugierig durchgearbeitet hatten, stellten wir verblüfft fest, dass viele von Hüthers Aussagen genau zu christlichen Ritualen, Symbolen und ihren heilsamen Kräften passen.

Rituale und Symbole stärken die Selbstheilungskräfte

Wer Rituale und Symbole lebt, bewusst lebendig erhält oder für sich neu entdeckt, vollzieht für sich im Inneren einen Perspektivenwechsel, das heißt, er nimmt eine neue Blickrichtung ein, vollzieht einen Wandel der Sicht. Er erlebt eine Veränderung. Passt diese Veränderung zu seiner Person, kann er diese Herausforderung bewältigen, sie ist kohärent (passend zu seinem Leben). Dann tut sie ihm gut und stärkt die Selbstheilungskräfte des Körpers. Dann wirkt die Heilkraft der Rituale und Symbole direkt körperlich – via Gehirn und Aufbau neuer neuronaler Vernetzungen. Im Folgenden einige Aspekte dazu, die dieses Kapitel, diese Aussage, erhellen und erhärten. Christliche Rituale und Symbole sind in diesen Aspekten mit verwoben.

Rituale und Symbole helfen, die Angst zu überwinden

Rituale und Symbole helfen, den Übergang zu gestalten zwischen Erwartetem und der Realität. Angst braut sich dort zusammen, wo in einer Situation etwas Erwartetes und die Realität auseinanderklaffen, das heißt, etwas Schlimmes wird erwartet und auf die Realität projiziert. Erwartung und Realität stimmen nicht überein. Das kann in zweifacher Hinsicht zutreffen:

- Ich erwarte etwas Normales, Positives, jedenfalls nichts Schlechtes oder Schwieriges, die Realität aber sieht anders aus.
- Ich erwarte etwas Schlimmes, die Realität zeigt sich positiv. Angst breitet sich aus, spürbar in Aufregung, erhöhtem Puls, schnellem Herzschlag, im Kribbeln des Magens, in einem Stich in die Magengegend, im »Kloß im Hals«. In beiden Fällen zeigt sich die Angst genau in dem Korridor, der zwischen Erwartung und Realität liegt, quasi im Niemandsland. Das können Bruchteile von Sekunden, Minuten, Stunden, aber auch Tage und Wochen sein. Und genau dieser Übergang ist es, der gestaltet sein will, damit

die Angst nicht überhandnimmt. Hier zeigen und entfalten Rituale und Symbole ihre heilsame Wirkung. In diesem Wartebereich können sie Angst dezimieren, innere Gewissheit und Stärke potenzieren, die Vergewisserung des Getragenseins aufkeimen und durchbrechen lassen. So behält die Angst nicht die Oberhand und kann uns nicht völlig aus dem Takt und Gleichgewicht bringen.

Ein solches Ritual ist das Gebet, das Stoßgebet. Dazu ein Beispiel: Ein Schulkind wird von der Mutter um 13 Uhr zu Hause erwartet. Selbst 30 Minuten später ist es noch nicht da. Die Erwartung der Mutter stimmt nicht mit der Realität überein. Angst breitet sich aus. Um diese Angst einzudämmen oder zu überwinden, murmelt die Mutter ein Gebet, ein Stoßgebet, eine Bitte um Hilfe an Gott. Hier hilft das Ritual Gebet, die Angst einzudämmen und den Korridor des Wartens und Erwartens zu gestalten.

Weitere Beispiele, wie christliche Rituale und Symbole im Kontext Angst hilfreich, stärkend und heilsam sein können:

- Der Reisesegen als der Übergang von zu Hause in etwas Unbekanntes, oft verbunden mit der Angst vor Unwägbarkeiten und Gefahren. Das Kreuzzeichen als Symbol und die Geste des Handauflegens bzw. des Kreuzzeichens auf die Stirn, verbunden mit einem entsprechenden Gebet, wird erbeten und damit Geleitschutz fürs Unbekannte (»Ich bin nicht allein«). Der möglichen Angst zwischen Erwartung und Realität kann die Spitze genommen werden durch die Erinnerung an diesen Reisesegen.
- Die Krankensalbung: Der Übergang vom Leben zum Tod macht vielen Menschen Angst. Sie können sich nicht vorstellen, wie sich dieser Übergang vollzieht. Das Symbol, das Ritual, für Katholiken ist es ein Sakrament. Sie stärken in diesem Übergang, spenden Zuversicht und Hoffnung auf das Kommende. Viele Menschen, die den Übergang vom Leben zum Tod begleiten, stellen die Symbole Kreuz als Zeichen für Tod und Leben, Kerze als Zeichen für das ewig leuchtende Licht und Chrisam (heiliges Öl) als Zeichen

für Stärke und Würde in den Mittelpunkt des Rituals, ebenso das Symbol Wasser als Wasser des Lebens (geweihtes Wasser).
Die Krankensalbung wird aber nicht nur von Todgeweihten als wohltuend empfunden. Gern nehmen sie auch Menschen in Anspruch, die in einer schwierigen Situation sind, die vor einer größeren Operation stehen oder die sich kraftlos fühlen. Auch in diesen Situationen empfinden viele Betroffene eine Stärkung durch die Symbole und das Ritual.

Rituale und Symbole stärken die Balance …

… zwischen Verbindung bzw. Zugehörigkeit einerseits und Freiheit andererseits. Rituale und Symbole können Ausgleich schaffen zwischen Geborgenheit und Freiheit. Beide Pole sind wichtig, um innerlich zu wachsen. Einerseits Verbindung halten und andererseits Eigenständiges wahren. Zu wissen, ich gehöre dazu, ich bin wichtig, ich bin ein Teil der Gemeinschaft und gleichzeitig: Ich kann meine subjektive, innere Einstellung dazu leben, meine eigene Deutung haben. Ich habe die Freiheit dazu, für mich Stellung zu beziehen. Das stärkt und bringt den Menschen ins Gleichgewicht. In vielen Symbolen und gemeinschaftlichen Ritualen ist diese Spannung zwischen den beiden Polen sichtbar:

- Wallfahren und pilgern: In der Gemeinschaft unterwegs zu sein, in einer Gemeinschaft zu gehen, ist etwas ganz Besonderes. Tatsächlich wird dies von vielen Menschen als wundersam, heilsam, unverzichtbar für ihr Leben angesehen. Dabei ist es rein äußerlich einfach ein Pulk von Menschen, die das gleiche Ziel haben, so wie manche in ein Konzert *pilgern.* Das Besondere am echten Pilgern oder Wallfahren ist, dass jeder, der mitgeht und sich die Strapaze des Gemeinsam-Unterwegsseins antut, zwei Missionen hat: eine innere, seiner Freiheit und Individualität, seinem Wunsch, seiner ganz persönlichen Sehnsucht entsprechend, und eine gemeinsame Mission – miteinander beten, miteinander gehen, miteinander über etwas nachdenken, sich austauschen. Auf diesen Wallfahrten wird gesungen oder meditiert. Auch das religiöse Naturerlebnis wird in den Vordergrund gerückt.

Ob Jakobswegpilger oder Kreuzbergwallfahrer, ob Lourdes- oder Lorettowallfahrer: Die Balance zwischen Zugehörigkeit und Freiheit wird gerade beim gemeinsamen Gehen fruchtbar.

- Prozessionen: In vielen Wallfahrtsorten finden zudem jeden Abend Lichterprozessionen statt (z. B. in Loretto oder Lourdes).
- Ostermontags- oder Emmausgang: Ein beliebter und vielfach lebendiger Gemeinsam-Unterwegs-Tag ist der Ostermontag. An ihm wird der Emmausgang in Erinnerung an zwei Jünger nach Christi Auferstehung unternommen.
- Bittgang, Flurprozessionen: Auch bei kleineren Wallfahrten wie Bittgängen und Flurprozessionen geht jeder seinen Schritt, hängt jeder seinen eigenen Gedanken nach. Und auch da gibt es einen gemeinschaftlichen Geist, eine Intention, z. B. durch gemeinsame Gebete und Lieder für eine gute Ernte zu bitten.
- Gemeinsames teilen: In der Liturgie der evangelischen wie auch der katholischen Kirche gibt es Rituale und Symbole, die den Aspekt Gemeinschaft und Freiheit beinhalten. Wir denken da an das evangelische Abendmahl, bei dem nach dem Verzehr der Hostie und dem Trinken des Weines alle um den Altar stehen, sich an den Händen fassen und abschließend gemeinsam einen Spruch hören. Erst dann gehen alle wieder auseinander.

Ein ähnliches Ritual gibt es in der katholischen Kirche, das ist der Händedruck zum Friedensgruß. Nach einer Einladung zum Friedensgruß wenden sich die Gottesdienstbesucher zu ihren Nachbarn und bekräftigen ihre Friedensabsicht mit einem kräftigen Händedruck und dem Satz: »Der Friede sei mit dir!« Die gleiche Handlung wird also von allen vollzogen, meist sogar im Symbol der Gemeinschaft, während man im Kreis steht. All das sind gemeinschaftliche Rituale, und gleichzeitig erlebt und interpretiert jede und jeder Einzelne diesen Prozess selbst- und eigenständig. Die Zugehörigkeit und die je eigene Deutung machen die je eigene Gestaltung des Menschseins aus. Das bedeutet menschliches Wachstum.

Rituale und Symbole wachsen mit

Nehmen wir einfach zur Verdeutlichung den eben erwähnten Handkreis nach dem Abendmahl in der evangelischen Kirche oder den Handschlag beim Friedensgruß in der katholischen Liturgie.
Friedensgruß: Ein Kind wird dieses Symbol und Ritual völlig anders erleben und für sich deuten (vielleicht: »Ich bin wahrgenommen, ich darf bei den Großen dabei sein«) als ein Jugendlicher in der Pubertät (falls er noch Interesse am Gottesdienst hat: »Cool, dass mein Freund da ist, ich mach da mit, aber ich mach mir meinen eigenen Reim drauf«). Für einen alten Menschen wiederum wird das Symbol und Ritual nochmals anders bewertet (vielleicht: »Ich bin froh, dass mich diese Gemeinschaft mitträgt, jetzt gerade im Alter. Ich bin dankbar, noch dabei sein zu dürfen und dazuzugehören«).
Egal in welcher Wachstumszeit, die Symbole wachsen mit, wenn sie gepflegt werden und Bedeutung haben. Und sie ermöglichen zu jeder Zeit die Balance zwischen *verbunden* und *frei sein.*
Auch gelingt es mithilfe von Symbolen und Ritualen, das Leben anzunehmen und zu mögen wie es ist – immer in der Ausgewogenheit zwischen Gemeinschaft und Individualität.

Rituale und Symbole machen glücklich

Wenn wir hier Glück gebrauchen, meinen wir den Moment, in dem sich ein positiver Unterschied zu dem zeigt, was vorher war. Glücklich macht zum Beispiel die Verwandlung von einem unguten Zustand (inkohärent) in einen, der mit der betreffenden Person zusammenpassend (kohärent) ist. Das ist eine Verwandlung, die uns plötzlich ein Licht aufgehen lässt, die eine neue Perspektive und Sicht aufzeigt, die einen Weg zeigt, sich nicht vom Negativen auffressen zu lassen. Hat

sich vielleicht jemand lange genug mit allen Kräften um eine Versöhnung bemüht, und es bahnt sich ein Weg dorthin an oder es gibt gar eine Versöhnung, dann macht das im tiefsten Herzen glücklich.
Umarmung: Das Ritual der Umarmung nach einem Streit, einer Auseinandersetzung macht glücklich. Es glättet, heilt, hilft weiter.
Ritual Beichte, Bußgottesdienste: Die Beichte findet in der evangelischen Kirche in Deutschland meistens nicht als Einzelbeichte, sondern in einem gemeinsamen Gebet in einem Gottesdienst statt. Ein Beichtgespräch ist vor allem in der katholischen Kirche beheimatet. Es ist meist ein Gespräch, an dem sich ein Mensch mit seinen Sorgen und Nöten öffnet und somit Erleichterung ersehnt. Das Gefühl, jemand wendet sich mir zu, hört meine Not an, nimmt mich ernst und wichtig, bewirkt eine Veränderung. Da zeigt sich ein Lichtblick: Gott nimmt mich an, so wie ich bin. Losgesprochen werden von Versäumnissen und Versagen durch Gottes unendliche Liebe als das Kernstück von Beichte und Bußgottesdiensten gibt die Chance zu einer Verwandlung. Neue Perspektiven tun sich auf, Erleichterung und Aufatmen machen sich breit. Das Gefühl, ich kann das tragen mit Gottes Hilfe, beflügelt zum Weitersuchen von Lösungen.

Rituale und Symbole stärken die Zuversicht …

… auch über unsere Welt hinaus. Rituale und Symbole sind sinnstiftend und deshalb lebenszuträglich.
Zuversicht meint den festen Glauben, dass etwas gelingt und gut wird. Ohne Zuversicht wäre das Leben manchmal recht trostlos. Es ist eine gewaltige Kraft, die aus dem Innersten des Menschen kommt und für die Lebensbewältigung unabdingbar ist. Wer keine Zuversicht mehr hat, lässt sich in schwierigen Situationen oft hängen. Die Gedanken nach dem Warum und dass doch alles keinen Sinn habe, nehmen dann überhand. Aber die Heilkraft der Zuversicht sendet auch in diesen Zeiten immer wieder ein Lichtsignal, lässt einen Sinn aufleuchten. Und diese Kraft lässt sich stärken und ausbauen mithilfe von Ritualen.

Beten, Betrachten, Meditieren gehören dazu: Sich hineinvertiefen in einen Gedanken, in ein Zwiegespräch mit Gott, eintauchen in einen Text, ein Bild, sich versenken in ein Bibelwort – dort mit Körper, Geist und Seele verweilen in Besinnung und Betrachtung, im So-Sein. Oft zeigt sich in diesem Tun eine Sinnspur, die über uns hinausweist und uns weiterhelfen kann. Das gibt dem Leben neuen Atem und Aufschwung.
All diese Rituale und Symbole stärken auf vielfache Weise die Selbstheilungskräfte im Menschen. Deshalb ist es gut und heilsam, Rituale und Symbole, die einem wichtig sind, lebendig zu halten und zu pflegen.

Impuls

Diese Anregungen können Ihnen dabei helfen, Ihr Leben im Hinblick auf die Selbstheilungskräfte zu gestalten:

- Spüren, was einem guttut (in Ritualen wie Meditation, Besinnung, Betrachtung): auf Körpersignale achten, den eigenen Körper pflegen und lieben, auf das eigene Körpergefühl achten und es entwickeln, sich selbst mögen (in Ritualen wie Umarmung, Händedruck), wahrnehmen, wie schön das Leben ist, Glück und Dankbarkeit bewusst spüren.
- Die Mitmenschen wertschätzen: in Ritualen und Symbolen der Gemeinschaft Austausch im Bibelkreis, gemeinsam Mahl halten, teilen von Brot und Wein in Abendmahl und Kommunion.
  Den anderen als Subjekt auf Augenhöhe sehen und behandeln, auch als Schutz davor, den anderen zu verletzen, Beziehungen stärken, verletzten Menschen aufrichtige und liebevolle Zuwendung zeigen.
- Lebenslust ausbauen in Ritualen wie Meditation, Atem- und Körperübungen, beim Pilgern und Wallfahren: sich einlassen auf die Vielfalt und Überraschungen des Lebens, den Schöpfergott entdecken, sich selbst als wesentlichen Teil des großen Ganzen im Leben sehen, über Gott und die Welt nachdenken und sprechen.
- Den inneren Maßstab, Kompass nicht verlieren in Ritualen wie Meditation, Gebet, Gesprächen, in der Bibelarbeit; eigene Ein-

stellungen und Haltungen unter die Lupe nehmen: Was ist mir wichtig? Welche Maßstäbe leiten mich? Wohin will ich mich entwickeln?
- Das eigene Leben nach den inneren Bildern und Maßstäben gestalten, sich immer wieder vor Augen halten, dass das Leben ein Geschenk ist.
- Dem Dasein Sinn geben: den Sinn des Augenblicks erkennen und verwirklichen, Lebensaufgaben wahrnehmen, ausrichten am Gebet, an Gottes Wort, am Modell Jesu.

Eine Perspektive aus christlicher Sicht

Die Frage danach, welche Bedingungen erfüllt sein müssen, damit Menschen gesund leben und altern können, hat Gerald Hüther beschäftigt. Seine Ergebnisse sind erstaunlich und wirken für Christen ermutigend: Ein Leben in Arbeit und Gebet, in Gemeinschaft mit Gleichgesinnten, bei gutem Zusammenhalt und wohl dosierter Ernährung (so der Rückschluss aus der Nonnenstudie) kann also vor Gedächtnisverlust und Demenz schützen. Das war bislang unbekannt.
Dieses Ergebnis wiederum lockte uns auf die Spur von Bernhard Grom SJ, Theologe und Religionspsychologe in München. Er hat von 2003 bis 2011 amerikanische Gesundheits-Forschungsergebnisse mit großer Sorgfalt umfassend ausgewertet und zusammengefasst. Sein jüngster Artikel trägt den Titel »Wie gesund macht der Glaube«. Am Ende zieht Grom ein nüchternes, verlässliches und auf wissenschaftlicher Redlichkeit bedachtes Fazit: »Religiosität, Spiritualität heilt in der Regel – auch wenn sie durch Gebet, positive Krankheitsverarbeitung und sogar spirituelle Heilweisen aktiviert wird – keine schweren körperlichen Krankheiten, kann aber durch ihren Beitrag zur Bewältigung kritischer Lebensereignisse und Dauerbelastungen gegen Stress abpuffern und manchen Erkrankungen vorbeugen. Sie kann auch zur

günstigen Krankheitsverarbeitung beitragen, damit Heilungsprozesse unterstützen und leichte Beschwerden, zumal Schmerzen, beheben. Damit ist sie eine wichtige soziale und persönliche Ressource – ein Bewältigungs- und Schutzfaktor (...). Der Glaube verändert nicht wie ein Medikament oder ein operativer Eingriff (...), sondern wirkt als psychosozialer und intrapsychischer Faktor.«[47]
Wir interpretieren Bernhard Grom so, dass christliche Rituale und Symbole wie Beten und Meditieren, Empfangen der Sakramente, Mitfeiern des Kirchenjahres und der Liturgie in einer längerfristigen, mittragenden Gemeinschaft nicht im medizinischen, sehr wohl aber im spirituellen, psychischen und psychosozialen Sinn heilen und medizinische Heilungsprozesse nachhaltig unterstützen können.

Essenzen christlicher Rituale und Symbole

Christliche Rituale und Symbole sind Lebenshilfe. Sie unterstützen dabei, das Leben wieder bewusst und erfüllend zu meistern: bei Krisenbewältigungen, Aussöhnungen jeder Art. Sie lassen Tiefgang im Leben finden, denn sie tragen zu einem glücklichen Leben bei, sind somit Hilfe auf dem Weg zum Heil- und Ganzwerden. Ihnen wohnt eine lebenslange, lebensbegleitende Dynamik und Aufgabe inne, die sich in unterschiedlichen Lebenskontexten, besonders in Übergangsphasen als hilfreich entfalten.
Christliche Rituale und Symbole führen in sich eine große Kraft, die als Bestärkung und Lebensquelle, als Verstärker des Positiven genutzt werden kann: In der Begegnung mit dem Nächsten leisten sie Brückendienste, erleichtern die Kontaktaufnahme, dem Wort Jesu entsprechend: »Was ihr einem der Geringsten getan habt, habt ihr mir getan« *(Mt 25,40)*.

- Auch heute haben Rituale und Symbole ihren Sinn. Wo Worte versagen, überbrücken sie die Sprach- und Hilflosigkeit: Wenn die

Ohnmacht ein Ventil sucht und das Schweigen nicht mehr auszuhalten ist – zum Beispiel im Trauerfall oder bei einem Verkehrsunfall –, greifen Menschen nach Symbolen und Ritualen, um ihre Anteilnahme, ihr Mitgefühl zu zeigen. Manche stecken eine Kerze in der Kirche an, besuchen einen Gottesdienst oder suchen das Gespräch mit einer Seelsorgerin.

- Wenn das Glück übermächtig ist, zum Beispiel bei der Geburt eines Kindes, nach bestandenem Abitur oder Führerschein, spüren Menschen das Bedürfnis in sich zu danken – auch sich bei Gott zu bedanken.
- Indem Menschen eine Taufe, Tauferneuerung, das Abendmahl, eine Krankensalbung oder eine Segnung mit dem Herzen mitfeiern und ihre innere Türe öffnen, werden sie gestärkt in ihren Alltag zurückkehren.
- Indem Menschen mit neuer Kraft Ideen entwickeln und sich einsetzen für Arme und Ausgestoßene, zum Beispiel in der Arbeit mit Geflüchteten, und so an Jesu heilsames Wirken, z. B. Rückholung von Aussätzigen in die Dorf- und Glaubensgemeinschaft, erinnern.
- Schließlich gibt es eine Art »freundliche Übernahme« von Symbolen und Ritualen aus jugendlichen und anderen Subkulturen, zum Beispiel das Niederlegen von Blumen, Fotos, Kerzen vor dem Michael-Jackson-Denkmal in der Nähe des Münchner Doms seit mehr als zehn Jahren. Bei einem Jugendkreuzweg haben sich junge Christen diese Idee zu eigen gemacht. Sie haben Orte des Leidens in ihrem Wohnort aufgesucht, dort nach einer kurzen Gedenkminute Kerzen entzündet, Blumen niedergelegt und Stellen aus *Psalm 22* gebetet wie Jesus am Kreuz.
- Rituale und Symbole öffnen ein Fenster zur Transzendenz, sind die heilsame Verbindung zwischen Gott und Mensch.[48] Das bedeutet, sich auszustrecken nach dem ganz anderen, eine Kontaktsuche in der wortlosen meditativen Versenkung, im regelmäßigen Gebet, in einem Schweigemarsch, einer Nachtwallfahrt.

DANK

Danke an alle Menschen, die uns mit unterschiedlichsten Gesprächen beim Entstehen des Buches begleitet haben, zum Beispiel Christina Bauer und ihre Familie in Oberammergau, wo wir uns entschieden haben, diese Herausforderung anzunehmen, Marianne und Freddy, die uns währenddessen köstlich verwöhnt haben.
Danke an alle, die uns in den neun Monaten des Werdens in Gedanken und mit ihren Gedanken beigestanden sind.
Danke an unsere Mama und Schwiegermama, die weite Teile des Buches als erste Leserin vorgelegt bekam, klar und deutlich ihre Meinung dazu gesagt und Vorschläge gemacht hat.
Danke besonders an unseren Freund und Pfarrer Christoph Böhlau, der immer wieder in wunderbaren Gesprächen und in seinen Predigten neue Impulse geschenkt und sein evangelisches Auge hat schweifen lassen – besonders über das Segenskapitel.
Danke an Frau Wiesholler für die einfühlsamen Hilfen, wenn es einmal wieder geknirscht hat.
Ein großes Danke an Josch Pöllath, der uns aufbauend, beratend und lektorierend immer wieder zur Seite stand.
Ohne all die Hilfe wäre das Buch nicht entstanden.

Eichenau, im Herbst 2020
Gertrud und Dr. Norbert Weidinger

ANMERKUNGEN/ QUELLEN

1 Brandt, Willy: *Erinnerungen.* Propyläen-Verlag. Frankfurt/M. 1989, S. 214

2 Wachinger, Lorenz: *Wie Wunden heilen.* Sanfte Wege der Psychotherapie. Freiburg/Br. 1991, S. 10 ff.

3 ebd., S. 10 ff.

4 Grimms Märchen: *Die drei Sprachen.* Kurzfassung Norbert Weidinger

5 vgl. Grün, Anselm: *Verwandlung.* Matthias-Grünewald-Verlag. Mainz 1994, S. 30–33

6 vgl. Weidinger, Norbert u. a.: *Heil erfahren in Sakramenten.* Freiburg/Br. 2009, S. 145–206

7 nach Biehl, Peter: *Symbole geben zu lernen.* Neukirchner Verlag. Neukirchen-Vluyn 1987, S. 46

8 AT, Buch Tobit 13,1–18

9 Wachinger, Lorenz, ebd., S. 141

10 ebd., S. 141

11 ebd., S. 141–145

12 ebd., S. 145

13 AT, Buch Jesaja 52,4–5

14 NT, Johannes-Evangelium, 10,10

15 Calwer Bibellexikon. Stuttgart 2003, S. 1476

16 NT, Matthäus-Evangelium, 11,28

17 Willms, Wilhelm: *wußten sie schon.* aus: ders., *der geerdete himmel.* Mit freundlicher Genehmigung © 1974 Butzon & Bercker GmbH, Kevelaer, 7. Aufl. 1986, 5.5, www.bube.de

18 https://herz-jesu-bulletin.blogspot.com/2012/11/hl-hildegard-von-bingen-gebet-zum.html

19 Mit freundlicher Genehmigung Albrecht, Alois (Rechte beim Autor)

20 Weidinger, Gertrud: Neufassung nach altirischem Segensgebet

21 Aus einem Beitrag des Deutschlandfunks 2010, verantwortet von Pfarrerin *Petra Schulze*, Senderbeauftragte für Deutschlandfunk und Deutsche Welle für den Medienbeauftragten der Evangelischen Kirche in Deutschland

22 AT, Buch Numeri, Einheitsübersetzung

23 vgl. Cardenal, Ernesto: *Durst auf Gott,* in: Bloching, Karl-Heinz (Hrsg.): Wort für den Tag. Mainz 1980, S. 86 f

24 Evangelisches Gesangbuch. Ausgabe Bayern, o. J., S. 1383

25 Übersetzung: Buber, Martin: *Das Buch der Preisungen.* Köln 1958, S. 16

26 Benediktionale. Freiburg/Br. 1978, S. 31

27 Batlogg, Andreas: *Durchkreuzt.* Innsbruck. 2019, S. 123 ff.

28 Das Lied vom Brot und Becher, Text: Huub Oosterhuis, Dt. Text: Peter Pawlowsky, Musik: Bernard Huijbers. Mit freundlicher Genehmigung © Ekklesia Music Publishing. Für D, A, CH: Small Stone Media Germany GmbH

29 Gotteslob, Nr. 588,5

30 vgl. Knapp, Andreas: *Segen der Zerbrechlichkeit.* Echter Verlag, Würzburg, 2. Auflage 2018, S. 103

31 Grün, Anselm/Müller, Wunibald (Hrsg.): *Was macht Menschen krank, was sie gesund?* Vier-Türme-Verlag. Münsterschwarzach 1998, S. 9

32 ebd., S. 9 f.

33 Aus: Willms, Wilhelm: *meine schritte kreisen um die mitte. neues lied im alten land.* Mit freundlicher Genehmigung © 1984 Butzon & Bercker GmbH, Kevelaer, S. 112, www.bube.de

34 Böhlau, Christoph, ev. Pfarrer (Rechte beim Autor)

35 Weidinger, Norbert: Liedtext für einen Religionslehrerinnen-Kongress

36 Jakob, Beate/Laepple, Ulrich: *Gesundheit, Heilung und Spiritualität.* Neukirchner Verlag. Neukirchen-Vluyn 2014, S. 93f.

37 vgl. Weidinger, Norbert u. a.: *Die Caritas vor neuen Herausforderungen.* München 2015, S. 27

38 vgl. Russi, Florian (Hrsg.): *Im Zeichen der Trauer.* Bertuch-Verlag. Weimar 2006, S. 40

39 Netz, Hans-Jürgen, 1975

40 Eckert, Eugen: *Meine engen Grenzen.* © Lahn Verlag in der Butzon & Bercker GmbH. Kevelaer. www.bube.de

41 aus: *Hausflüsterer. Ihr Begleiter durch den Monat im Pflegezentrum Eichenau.* Sommer 2019, S. 10

42 Lukas, Elisabeth: *In der Trauer lebt die Liebe weiter.* Kösel Verlag. München 1999

43 ebd., S. 10

44 Zitat aus dem Lied *Fürchte dich nicht* von Friedrich Karl Barth und Peter Horst

45 vgl. https://www.vaticannews.va/de/papst-franziskus/santa-marta-messe/2018-12/kirche-papst-messe-christ.html

46 Hüther, Gerald: *Raus aus der Demenzfalle.* Arkana Verlag. München 2017, 3. Auflage

47 Grom, Bernhard: *Wie gesund macht der Glaube?* in: Stimmen der Zeit, 229. Jg. (2011), S. 111

48 Wertvolle Hinweise zum Thema Transzendenz finden Sie auch in unserem Kompakt-Ratgeber *Achtsamkeit für jeden Tag*, erschienen im Mankau Verlag.

REGISTER

Bücher, die den Horizont erweitern

mankau

Dr. Norbert Weidinger / Gertrud Weidinger

ACHTSAMKEIT FÜR JEDEN TAG. KOMPAKT-RATGEBER

Übungen und Rituale zur bewussten Lebensgestaltung

7,99 € (D) / 8,20 € (A)
ISBN 978-3-86374-261-4

Im alltäglichen Sprachgebrauch bedeutet „Achtsamkeit", einerseits in kritischen Situationen die richtigen Entscheidungen zu treffen, andererseits den Blick und das Herz für die Welt zu öffnen, um mit ihr in eine wertschätzende Beziehung zu treten. Wer achtsam ist, grenzt sich ab von gleichgültigem Umgang und sinnlosen Gewohnheiten. Die Achtsamkeit ist daher eine Art inneres „Leit- und Warnsystem", um sich selbst, seinen Platz im Leben und sein inneres Gleichgewicht zu finden.

Wie viele andere Fertigkeiten sollte die Achtsamkeit täglich geübt werden, damit Hindernisse überwunden und Herausforderungen gemeistert werden. Seit Jahrtausenden empfehlen buddhistische und hinduistische Mönche dazu Atemübungen, Meditationen und andere Rituale. Aber auch die jüdisch-christliche Tradition setzt mit der Bewahrung der Schöpfung oder der Barmherzigkeit wertvolle Impulse für eine offene und aufgeschlossene Lebensgestaltung.

Der Kompakt-Ratgeber bietet nach einer kultur- und religionsgeschichtlichen Hinführung eine große Auswahl elementarer und gut nachvollziehbarer Übungen zur Achtsamkeit für bestimmte Zeiten und Situationen, Anlässe und Augenblicke im täglichen Leben.

- Zitate und Erzählungen aus dem Weisheitsschatz von Ost und West
- Wahrnehmungs-, Atem- und Stilleübungen für Körper, Geist und Seele
- Anregungen, um zu sich selbst zu kommen und über sich hinauszuwachsen

Achtsamkeit ist eine Ressource, auf die jeder Mensch zurückgreifen kann, damit sein Leben gelingt.

„‚Achtsamkeit ist eine wertvolle Ressource. Sie zu üben, ist wie der Gang zu einer Quelle, um frisches Wasser zu schöpfen und dann mit neuer Kraft aufzubrechen - mehrmals am Tag.' Damit umschreiben die Autoren des vorliegenden Bandes sehr schön, was auch im Mittelpunkt ihrer Ausführungen steht. Sie bieten eine verständliche Beschreibung in das Thema Achtsamkeit mit vielen konkreten Anregungen für den Alltag. Dabei geht es zunächst darum, eine achtsame Haltung gegenüber sich selbst einzuüben: im Laufe des Tages, in der Unruhe des Alltags und in schweren Zeiten. Dabei kann das bewusste Annehmen und Gestalten des Augenblicks ungeahnte Kräfte entwickeln. Weiter richten die Autoren den Blick auf den achtsamen Umgang mit anderen Menschen sowie mit der Natur und Umwelt. Aber auch ein Blick über den Tellerrand des Lebens ist lohnenswert. Dazu sind besonders die Hinweise und Anregungen zur Meditation und Stille hilfreich." lehrerbibliothek.de

„Dieses Büchlein enthält eine Fülle von Anregungen und Übungen, mit deren Hilfe jeder den Alltag achtsamer gestalten kann. Dank seines handlichen Formats ist es überall mit dabei." mobil, das Mitgliedermagazin der Deutschen Rheuma-Liga

Doris Kirch

ANTI-STRESS-BOX (5 AUDIO-CDS)

Entspannen und meditieren. Anleitungen und Übungen für jede Lebenslage

UVP 29,95 € (D/A)
ISBN 978-3-938396-40-7

„Gut nachvollziehbare Anleitungen und die angenehme Stimme von Doris Kirch machen dem Stress schnell den Garaus."
Hannoversche Allgemeine Zeitung

„Auftanken, entspannen, zur Ruhe kommen, Sand unter den Füßen spüren ... Urlaubsgefühl. Das kann man jeden Tag genießen: mit den Meditationen von Doris Kirch (...) – locker bleiben kann gelernt werden."
praxis+recht

Prof. TCM Univ. Yunnan Li Wu

HERZ-MEDITATION (AUDIO-CD)

Mit einer Einführung von Li Wu

UVP 12,95 € (D/A)
ISBN 978-3-938396-71-1

Die Herz-Meditation ist eine spirituelle Technik, die in früherer Zeit nur durch mündliche Überlieferung weitergegeben und von den chinesischen Schamanen geheim gehalten wurde. Sie stärkt die Kraft, seelisch, geistig oder spirituell miteinander zu verschmelzen und zugleich dem Objekt der Liebe die Freiheit zu geben, es nicht zu vereinnahmen oder in Besitz zu nehmen – es nur zu lieben.
Nach einer gewissen Übungszeit werden Sie erleben, wie sich Energie in Ihr Herz ergießt und von hier aus in alle Körperteile lenken lässt. So können Sie die Herz-Meditation auch jederzeit für eine Heilbehandlung einsetzen.

Prof. TCM Univ. Yunnan Li Wu

LIEBESMEDITATION (AUDIO-CD)

Mit einer Einführung von Li Wu

UVP 12,95 € (D/A)
ISBN 978-3-86374-188-4

Die Liebesmeditation von Prof. TCM Univ. Yunnan Li Wu hilft uns, zu unserer Mitte zu finden. Ausgehend vom kontrollierten Atem geht es dabei um die innere Sammlung, bei der Körper, Geist und Seele eine deutliche Stärkung erfahren. Die Kraft der Bittentherapie harmonisiert den Fluss der Lebensenergie und unterstützt das Gleichgewicht von Yin und Yang. Aus unserer Mitte heraus spüren wir, was für uns persönlich gut und richtig ist. Wir werden innerlich frei und können wieder selbstbewusst und aktiv über unser Leben und unsere Beziehungen entscheiden.

Unsere Bücher erhalten Sie bei Ihrem Buchhändler!
Besuchen Sie auch unsere Internetseite mit Bestellmöglichkeit, Internetforum, Leseproben, Veranstaltungstipps und Newsletter: **www.mankau-verlag.de**